北京宣传文化引导基金

BEIJING CULTURE GUIDING FUND

北京宣传文化引导基金资助项目

西山文脉影像『三山五园』

玉泉山 静明园

张宝章 著

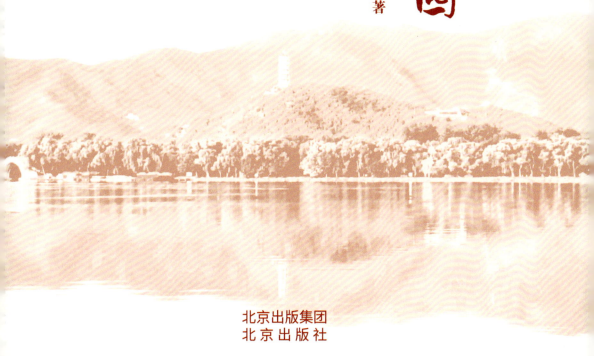

北京出版集团
北京出版社

前　言

PREFACE

　　玉泉山静明园有古老的历史。玉泉山山体曲折起伏，巍峨秀丽，山麓有玉泉、裂帛泉等诸多泉眼喷涌而出，使这个距离京城近在咫尺的罕见自然地理景观，顺理成章地成为旅游胜地。金章宗完颜璟（1190—1208年在位）在这里修建了芙蓉殿行宫，当时还将"玉泉垂虹"确定为"燕山八景"之一。明代历朝皇帝都喜好到玉泉山赏景，并修建寺庙、树碑题额。当朝著名的文人墨客无不在此著文吟诗，众多江南游子都亲昵地将此地比作故乡胜景。

　　清代康熙皇帝玄烨在康熙二十一年（1682）修建了玉泉山行宫，命名"澄心园"，后又改名"静明园"，每年都要来此休憩避暑并问政理事。乾隆皇帝弘历将静明园扩大到玉泉山四周，并修建十六景，成为京西"三山五园"之一。他经常从御园圆明园坐轿、骑马或经万寿山乘船来静明园，从香山静宜园返回时也常在此歇脚进餐。这里是他的一座后花园式的山水行宫，但他从不在此留宿过夜。

乾隆帝说："玉泉山，盖灵境也。"它最突出的特色是"泉水、宝塔、山洞"这"三绝"。玉泉水质轻味甘、清澈如玉，水量丰沛、终年涌流，灵泉浚发、冬季不冻，被他评为"天下第一泉"，定成宫廷尚茶尚膳的专用水源。泉溪湖泊和水景观成为静明园最主要也是最著名的景点。乾隆帝为体现他"弘扬藏传佛教"的治国理念，在园内修建了多座占地广阔、建筑雄伟的寺庙。庙内建起四座造型不同、材质各异、高低错落、色彩纷呈的宝塔。静明园被称为"古塔博物馆"，玉泉山获得了"塔山"的徽号。耸立在玉泉山主峰上的玉峰塔，成为京西皇家园林群的一个标志性建筑。玉泉山腰古寺旁有十来座深浅高低不同的山洞，洞壁雕凿出无数尊佛像，镌刻着一卷卷佛经，俨然是一座座佛教和道教的小型寺庙。历代文士留下无数首诗词刻写在洞壁，乾隆年间更增添了多首御题诗词及联语，佛洞里充溢着浓重的传统文化氛围。

　　咸丰十年（1860），玉泉山静明园与圆明园等京西皇家园林一起，被英法联军劫掠焚毁。清代后期虽有零星修缮，终究改变不了断垣残壁的废墟面貌。

　　民国年间虽然作为公园对公众开放，但遗址建筑残破不堪，废墟渣土随处可见。只有那碧山清泉和皇家园林的虚名还吸引着慕名而来的游客。

　　玉泉山静明园虽然被焚毁了，但它作为著名的"三山五园"皇家园林群中一座颇具特色的大型园林，仍然是人们关注的重点之一。认真研究和记述它的真实状况和发展历史，是北京园林研究中一个不可忽略的课题。但由于历史资料缺乏等，多年来很少出现有关研究记述的文章。我在2005年出版的《海淀文史·京西名园》一书中，虽然撰写了一篇《玉泉山静明园记盛》，但也只是记述了乾隆年间静明园的概况，并未深入涉及它的历史沿革。

我原先能写出《玉泉山静明园记盛》一文，是因为我在国家图书馆善本特藏部苏品红、陆锡泰、白鸿叶等同志的支持帮助下，仔细阅读了三十几件样式雷绘制的静明园画样和文字资料。这些图文史料能使我们准确地认识静明园的总体布局和十六景的建筑格局以及泉溪湖泊的位置走向规模。《清高宗（乾隆）御制诗文全集》中有1100多首关于静明园的诗，详细记述了乾隆帝修建静明园的指导思想、建园过程、各景点修建的依据和命名的缘由，以及各处景观的真实面貌。此后，首都图书馆北京地方文献中心主任王炜和闫红同志，还为我提供了清代历朝皇帝关于静明园的诗词作品以及历代古籍中相关的诗文著作，并与我一起研究了本书的写作提纲。这些记载都是我们研究和记述玉泉山静明园最重要最可靠的第一手资料。

我所阅读的样式雷静明园图文史料，大都没有注明年代。只有修建园内河湖水系的画样上注明为同治和光绪年间，说明在同治和光绪年间静明园有过施工的记录。我向我的老朋友北京市园林局副总工程师、著名园林专家耿刘同先生请教，有无光绪年间修缮静明园的史料。他告诉我，他在中国第一历史档案馆阅读光绪年间修建颐和园时的原始记录，在《颐和园工程清单》中，在诸多颐和园工程项目之后，附带有若干静明园的施工项目，可以去查一查。在我急忙找熟人联系到档案馆查阅资料时，耿总工又电话告知，颐和园研究室保存着这些资料的复印件。研究室主任谷媛和颜素同志向我提供他们保存的全部有关资料。我是在他们的帮助下，才写出了光绪年间修缮静明园这一工程进展的概貌。

我掌握的有关民国年间的静明园史料也很有限。我的几位文友给我以无私的支持和帮助。张有信先生给我寄来民国年间报刊上发表的有关玉泉山文章的篇目，其中几篇重要文章是王铭珍先生在国家图书馆查阅复印后送给我的。北京大学历史地理学家岳升阳教授和北京史地民俗学会副会长常华先生，将他们的存书《玉泉山名胜录》（吴质生著）、《燕都名山游记》（李慎言著）、《颐和园导游：附玉泉山》（许星园主编）以及其他资料的复印件等送给我。我还在北京市档案馆有关领导和艾琦、刘艳晨、吴克苹、冯其利等同志的帮助下，阅读了百余卷民国年间北平市政府文档中有关颐和园和静明园的史料，使我对民国年间静明园的实际情况有了概略的认识，并据以做出简略的记述。

本书收录了七篇玉泉山民间传说，是我和民俗专家严宽先生合作搜集整理的。其中既有玉泉水和玉泉山景观的故事，也有园外寺庙、村庄和田地的传说。这些故事在北京西郊流传很广，直到现在还为当地群众所喜闻乐道。这些故事从一个侧面反映了人民群众的愿望和智慧，同时也是一份珍贵的非物质文化遗产。

我在撰写本书的过程中，得到上述诸位同志和有关单位的支持和帮助。北京市地方志编纂委员会常务副主任兼《北京志》主编，"京华通览"丛书主编，我的老领导、老朋友段柄仁同志，多年来一直关心和支持我对北京皇家园林的研究和写作，并给予具体指导和帮助，对我的劳作予以肯定和鼓励。市志办副主任谭烈飞同志积极支持和帮助我完成本书的写作修改和出版。海淀区史志办的领导周玉鑫、胥天寿和田颖、周勇等同志，为本书的写作和出版做了大量的具体工作。王和利、张纪、史久膏等同志惠赐的老照片和摄影佳作，使人们能够从不同角度一睹皇家园林的风采。我还要特别感谢北京出版社的安东、于虹及王岩、杨晓瑞等同志，还有我的老朋友张恩荫、陈芳、田蕾、向华、艾春吉、徐文华、张连秀、赵跃坤、严文珊、赵卫民等同志给予的支持和帮助。我向他们表示诚挚的敬意和感谢。本书还存在诸多缺憾乃至错误，敬请方家和读者批评指正。

张宝章

2022年10月

目 录

CONTENTS

第一章 金代玉泉山已成『驻跸山』

　　玉泉山位于北京市海淀区，属于太行山之余脉西山山麓，在万寿山颐和园的西侧。山势为南北走向，两个侧峰拱卫于主峰南北，与主峰互相呼应构成略似马鞍形状的轮廓，纵深约一千三百米，东西最宽处约四百五十米，主峰海拔达一百米。山中奇岩幽洞，小溪潺潺，流泉活水，堪称风水宝地。

　　早在金代，玉泉山就成为北京西郊最早的皇家园林所在地，元、明以来，它一直就是京郊颇有名气的游览胜地。玉泉山的出名不仅因为其风景优美，还在于它有丰沛的泉水，特别是东南的一组泉水，常年喷涌达尺许，汇成玉泉湖，经渠汇入万寿山下的昆明湖，明、清两代，宫廷用水，皆从玉泉运来，并成为民间用水泉源之一。玉泉山因山中玉泉池得名，乾隆帝称其为"天下第一泉"。有道是"山不在高，有仙则名。水不在深，有龙则灵"，玉泉池是如何成就了玉泉山的盛名？故事要从金章宗时期讲起。

金章宗玉泉山行宫

金章宗完颜璟是金代第六代皇帝，小字麻达葛，因为他生于金莲川麻达葛山，遂以山名为字。完颜璟以山为"字"，从小爱山，即皇帝位后本性得以张扬。他喜爱游山玩水，在山林游猎，距中都城最近的西山到处留下他的足迹，还流传下来一些有趣的传说。在昌平西南、如今与海淀交界处有一座驻跸山，此山原无正式名称，是在章宗游山时游兴所至，题写了"栖云啸台"四字，才有"驻跸山"之名。章宗还为附近青山题写了《仰山》诗："金色界中兜率景，碧莲花里梵王宫。鹤惊清露三更月，虎啸疏林万壑风。"

金章宗在地域辽阔的西山群峰中，选择山势高峻、林木苍翠又有流泉飞瀑的山林间，修建观景地点以及庙宇、殿堂以至行宫，作为固定的游赏、射猎和憩息之地。《金史》记载："宛平有玉泉山行宫。"章宗曾多次来玉泉山游赏，仅《金史·章宗本纪》记载的就有七次之多：明昌元年（1190）八月壬辰，"幸玉泉山"；明昌四年（1193）三月甲申，"幸香山永安寺及玉泉山"；明昌六年（1195）四月丙子，"幸玉泉山"；承安元年（1196）八月癸丑，"幸玉泉山"；泰和元年（1201）五月壬戌，"幸玉泉山"；泰和三年（1203）三月甲午，"如玉泉山"；泰和七年（1207）五月己丑,"幸玉泉山"。

制省元及四隅终场人许该恩。己巳,复祈雨于太庙。庚午,以祈雨,望祭岳镇海渎于北郊。戊寅,命内外官五品以上,任内举所知才能官一员以自代。壬午,以参知政事移剌履为尚书右丞,御史中丞徒单镒为参知政事,尚书右丞相襄罢。六月己丑,制定亲王家人有犯,其长史府据失觉察,故纵罪。壬辰,奉皇太后幸庆寿。甲辰,勅僧、道三年一试。秋七月己巳,以礼部尚书王蔚等为贺宋生日使。庚午,朝于隆庆宫。丁丑,诏罢西北路虾蟆山市场。

八月癸未朔,禁指托亲王、公主奴隶占纲船、侵商旅及妄征钱货。乙酉,诏设常平仓。丁亥,至自寿安宫。戊子,朝于隆庆宫,是月凡三朝。己丑,以判大睦亲府事宗宁为平章政事。**壬辰,幸玉泉山,即日还宫。** 癸巳,罢诸府镇流泉务。选才幹之官为诸州刺史,皆召见论戒之。戊戌,上谕宰臣曰:"何以使民弃末而务本,以广储蓄?"令集百官议。戊府尚书邓俨等曰:"今风俗侈靡,宜定制度,辨上下,使服用居室,各有差等。"右丞履、参知政事守贞、镒曰:"凡人之情,见美则逐,无名之费。禁指托制度,将见奢侈无极,费用过多,民之贫乏,殆由此致。方今承平之际,正宜讲究此事,为经久法。"上是履议。壬寅,勅麻吉以皇家祖免之亲,特收充尚书省祗候郎君,仍顾,若不节以制度,蓄积自广矣。抑昏丧逾度之礼,禁追

本纪第九 章宗一

二一五

玉泉山行宫在山顶建有芙蓉殿，也称芙蓉阁、芙蓉宫。明蒋一葵《长安客话》记载："玉泉山顶有金行宫芙蓉殿故址，相传章宗尝避暑于此。兰溪胡应麟《游玉泉》诗：'飞流望不极，缥缈挂长川。天际银河落，峰头玉井连。波声回太液，云气引甘泉。更上遗宫顶，千村起夕烟。'又'殿隐芙蓉外，亭开薜荔中。山光寒带雨，湖色净连宫。作赋携词客，行歌伴钓翁。夕阳沙浦晚，凫雁起秋风'。"从此文及引诗中可知，作者蒋一葵在万历年间（1573—1620）到玉泉山踏勘时，山顶的芙蓉殿故址还能辨认，在薜荔丛中还有一座小亭。明李濂《嵩渚集》有《玉泉山》诗，也写到这一历史遗迹："章宗避暑玉泉山，宫女随銮到此间。昔日翠华歌舞地，于今犹见五云还。"《帝京景物略》《天府广记》等，也都记载玉泉山有"金章宗芙蓉殿故址"。

金章宗在西山各处濒临泉水修建的观景点、亭台、宫殿，被归总称为"西山六院""西山八院"，近世则称之为"西山八大水院"。

孙承泽《天府广记》记载："金章宗西山八院为游宴之所。其香水院在金山口，石碑尚存。稍东有清水院，今改为大觉寺，玉泉山有芙蓉殿基存，鹿园在东便门外通惠河边。"现代广泛流行"西山八大水院"的说法，但具体所指多有歧义。《北京百科全书·海淀卷》列有"西山八水院"条目："金代章宗完颜璟在中都西山建立的八座行宫，因皆有水，又称西山八水院。已知的清水院在阳台山大觉寺，香水院在妙高峰的法云寺，圣水院在车耳营白塔山的黄普院。其他五院众说不一。"这八座行宫之中，规模最大、金章宗最喜爱也最常莅临的，便是玉泉山行宫，即泉水院。

玉泉垂虹和燕山八景

在金章宗明昌年间（1190—1196），诞生了"燕山八景"，后来也称"燕京八景""神京八景"等。长期以来，这成为人们认识北京的自然和人文景观最有代表性的概括。直到今天，人们还津津乐道地谈论、寻找、观赏这些著名的景点。

清代赵吉士在《寄园寄所寄》一书中写道："北平旧志载，金《明昌遗事》有燕山八景，即居庸叠翠、玉泉垂虹、太液秋风、琼岛春阴、蓟门飞雨、西山积雪、卢沟晓月、金台夕照是也。"此后，八景的名称略有变迁。

玉泉垂虹一景，被乾隆帝改为"玉泉趵突"。景名石碑立在玉泉

▲ 明代王绂《燕京八景图之玉泉垂虹》

山玉湖西岸龙神祠前左侧，碑阴镌刻御制诗《玉泉趵突》：

> 玉泉昔日此垂虹，史笔谁真感慨中。
>
> 不改千秋翻趵突，几曾百丈落云空。
>
> 廓池延月溶溶白，倒壁飞花淡淡红。
>
> 笑我亦尝传耳食，未能免俗且雷同。

诗前写有小序："西山泉皆沈流，至玉泉山势中豁，泉喷跃而出，雪涌涛翻，济南趵突不是过也。向之题八景者目以垂虹，失其实矣。爰正其名，且表曰天下第一泉而为之记。"

燕山八景的出现，引发了各类文学艺术创作，出现了很多优秀作品，描写"玉泉垂虹"和"玉泉趵突"的诗文更是大量涌现。如曾棨《玉泉垂虹》："跳珠溅玉出岩多，尽日寒声洒薜萝。秋影涵空翻雪练，晓光横野落银河。潺湲旧绕芙蓉殿，混漾遥添太液波。更待西湖春浪阔，兰桡来听濯缨歌。"又如林环的同名七律："浮花溅玉落崔嵬，迥出千岩去不回。白日半空疑雨至，青林一道见烟开。月分秋影云边去，风送寒声树杪来。流入宫墙天汉近，还同瀛海绕蓬莱。"有一首《八角鼓词》写道："红兰百丈，缥缈仙乡。清明始见，小雪后藏。横雨脚，斜抱倒影覆山冈。屈环衔月魄，匹练遥从天地张。塔影山头起，钟声云外扬。穿云路，架彩梁；映昆明，光千丈。余辉腾上下，晶彩流垂云水乡。雁影留天，天悬绣带，倒注玉泉傍。最难得，一抹斜阳新雨后，落晖遍照映波光。"

第二章　明代玉泉山景观

玉泉和裂帛泉

　　玉泉山下的玉泉，因作为燕山八景之一的"玉泉垂虹"而益负盛名。明代人眼中的玉泉为："泉出石罅间，潴而为池，广三丈许，名玉泉池。池内如明珠万斛，涌起不绝，知为源也。水色清而碧，细石流沙，绿藻翠荇，一一可辨。"（蒋一葵）诗人们用那些最为秀美的词句来形容玉泉："玉泉神瀵涌不息，环亭飞瀑流明珠。""飞沫拂林空翠湿，跳波溅石碎珠圆。"人们观赏和赞誉玉泉，以玉泉为题的诗歌数不胜数。何景明《玉泉》诗写道："行游金口寺，坐爱玉泉名。云去随龙女，风来动石鲸。入宫朝太液，穿苑象昆明。却望天河水，迢迢万古情。"何栋也有《玉泉》诗："鬼斧何年凿，仙源此日看。溅珠翻石溜，拂镜漾晴澜。鹦鹉春塘净，云霞夕影寒。分流入内苑，故作九龙盘。"

　　裂帛泉位于玉泉山东南麓，泉水从山根喷出，水花仰射，汇于池中，是为裂帛湖。明代人关于裂帛泉及其流成的小湖的描写，形象而生动。刘侗写道："泉迸湖底，伏如练帛，裂而珠之，直弹湖面，涣然合于湖。……湖方数丈，水澄以鲜，深而浮色，定而荡光，数石朱碧，屑屑历历，漾沙金色，波波萦萦，一客一影，一荇一影，客无匿发，荇无匿丝矣。"于奕正有《观裂帛湖》诗："天与水澹澹，水受天之碧。上上自有根，来岂傍山隙。荇藻蕴沉深，衍作数千尺。波眼十百聚，腾起如下掷。龙此性严寒，鱼虾不敢宅。坐泉步其流，有候为阖辟。"

上、下华严寺和华严洞

在玉泉山南坡有两座距离不远的寺庙，即上华严寺和下华严寺。这两座佛寺都是明英宗朱祁镇在正统年间（1436—1449）修建的，两座寺门上的寺额也都是英宗御题。孙丕扬有《华严寺》诗："宝屋藏金偈，珠帘控玉钩。传灯火未灭，洗钵水长流。佛窟随高下，禅云任去留。华严好精舍，争与远公游。"上华严寺东上坡有一座华严洞；下华严寺殿后也有一座山洞，名七真洞，也叫下华严洞。在七真洞尽处石壁上，镌刻着元代中书令耶律楚材的词《鹧鸪天·题七真洞》："花界倾颓事已迁，浩歌遥望意茫然。江山王气空千劫，桃李春风又一年。　横翠嶂，架寒烟，野花平碧怨啼鹃。不知何限人间梦，并触沉思到酒边。"这阕词收录在耶律楚材所著《湛然居士文集》中。此词旁边石壁上，还镌有明代嘉靖年间（1522—1566）内阁首辅夏言的一阕和词："人世沧桑有变迁，灵岩玉洞自岿然。朝衣几共游山日，佛界仍存刻石年。　嗟岁月，惜风烟，等闲花发又啼鹃。只将彩笔题僧壁，玉带长留向日边。"这两阕内容深刻、用词劲峭的词，成为玉泉山的一处著名的人文景观，许多诗词大家都题记下这件文坛雅事。

倪岳《游玉泉华严寺》诗写道："门外寒流浸碧虚，玉泉山上老僧居。芙蓉云锁前朝殿，耶律诗存古洞书。曲涧正当虹饮处，好山相对雨晴初。笑攀石磴临高顶，浩荡天风袭翠裾。"由此诗可知，这座新修建的皇家寺院，还有老僧住持，仍可做佛事。这座僧寺还允许游人借住，姚涞《游华严寺》诗提供了证明："都下多名刹，岩栖此更奇。华严狐鼠洞，耶律鹧鸪词。山远云如阜，沙明日满池。老僧未厌客，借榻且无归。"

玉泉山这两座佛寺，在嘉靖年间毁于战火。嘉靖年间，蒙古族俺答汗占据大片地区，成为一个比较强盛的部族。它的疆域，西起贺兰山以西，东到大兴安岭以东的嫩江流域，南起长城沿线和河西走廊以北的广大地域。俺答汗多次要求与明朝"通贡""互市"，遭到拒绝，派遣的使臣也被斩杀。明廷甚至宣布重金悬赏俺答汗等人的首级。嘉靖二十九年（1550），俺答汗率领蒙古大军南下，一路长驱直入，大举攻掠北京城外的通州、顺义、怀柔等地。嘉靖帝下诏调集各地勤王官兵齐聚北京城，死防固守。俺答汗率兵到达北京安定门城下的教场驻扎，兵临城下。但他见明军众多，防守严密，不敢贸然攻城，遂下令在北京城外大肆劫掠。八天内，蒙古军队在明皇帝陵、西山玉泉山、榆河、沙河、黄村、良乡等地，进行了大规模的骚扰破坏。这就是北京历史上的"庚戌之变"。玉泉山上、下华严寺也在此次事变中被俺答军焚毁。几十年后出版的《帝京景物略》记载："上、下华严寺，嘉靖庚戌虏阑入，寺毁焉。寺存者二洞：华严、七真。"与此同时，玉泉山的其他寺庙建筑也遭到破坏。

金山寺和望湖亭

从华严寺往西行半里路，跨过三座石桥，涧道欹窄，仅可徒步，便来到金山寺。山间有一座玉龙洞，洞内龙泉水流出后，甃石为暗渠，引水伏流，约五里许入西湖。在金山寺上边，修建一座"望湖亭"。取名为"亭"，实为一幢三间敞厅。袁中道说"上有堂三楹，可望远。后有洞，阴森甚"。阴森的山洞指玉龙洞，三楹堂即指望湖亭。他还说："华严寺后有窦，深不可测。其上为望湖亭，见西湖明如半月。"望湖亭所望之湖为西湖，而非裂帛湖，有人将裂帛湖西岸之龙王亭称作望湖亭，实为误指。《帝京景物略》记载："石梁过溪，亭其湖左，曰望湖亭，宣庙驻跸者，今圮焉。"宣庙指明宣宗朱瞻基，明宣宗曾在望湖亭"驻跸"，登高望远，瓮山泊（西湖）尽收眼底，东堤为弦，恰似半轮明月。明代的玉泉山，最著名的建筑便是望湖亭，官吏游客们歌咏最多的也是它。张治的诗还记述游此亭的旧事："望湖亭下水如天，曾是宣皇赐幸年。玉辇不来凫雁冷，一湖杨柳锁春烟。"于慎行的《望湖亭》诗写明，在望湖亭既能纵观山下美景，又颇发人深思：

孤亭斜倚玉泉隈，槛外明湖对举杯。

一顷玻璃山下出，半岩紫翠镜中开。

云连阁道笼春树，雨过行官绣碧苔。

尽说昆明雄汉苑，无如此地接蓬莱。

到万历年间，望湖亭已经废圮。金山寺虽未全废，也已经破败不堪香灭僧走了。亭和寺很可能是被俺答骑兵所破坏，但未见到具体的记载。

袁中道游玉泉山

袁中道（1570—1626），字小修，明代公安（今属湖北）人。《明史》说他"十余岁，作《黄山》《雪》二赋，五千余言。长益豪迈。从两兄宦游京师，多交四方名士，足迹半天下"。

袁中道与他的两位兄长袁宗道、袁宏道，被称为"公安三袁"。他们在文学上反对模拟，主张通变，崇尚独抒性灵，不拘体套，对明代文学有很大的影响。袁中道的诗，早年以平易坦真为主，中年后转为幽深奇崛，散文成就很高，传记、游记、书札，均为时人所推崇，著有《珂雪斋集》《游居柿录》等。《游居柿录》是袁中道家居和旅游生活的逐日札记，从万历三十六年到四十六年（1608—1618）共十年多的经历，记下一千五百多条，约十八万字。其中也记载了他游览北京西郊名园、名山、名水的观感。

袁中道屡试不第，在他已对科举濒临绝望时，于万历四十四年（1616）三月，方考取进士。这年五月，天气炎热，他决定去西山避暑。他历来非常赞赏西山风景之秀丽，以及京西山峦泉水在京城优美环境中的特殊地位。他在西直门外高梁桥长河畔盘桓，遥望远方淡蓝色的群山，深情地赞美道："都门之胜皆在西郊，则以西山之山，玉泉之水，磅礴淋漓，秀媚逼人故也。泉水逆桥绕隍入于大内，最为清激。过桥，杨柳万株，夹道浓阴，时时停骖照影，不忍去。佛舍傍水，结构精密。朱户粉垣，隐见林中者不可数，真令人应接不暇。"

袁中道沿长河直奔玉泉山而去。途经西湖，湖中千亩莲花盛开，香风盈袖。再沿玉河来到玉泉山下，这里凉风扑面，泉声甚壮，溪清见底，碧树满山。他要拜访居住在玉泉山庄的史金吾。史氏为"执金吾"，是京城禁卫军的高官，正在此山私家别业避暑。史金吾此处山庄位于裂帛湖岸边，园内有长松古柏、葱郁竹林。站在小亭下望，即裂帛泉的源头。源出石根中，激喷仰射，沸冰结雪，汇于池中。水清见底，石子粼粼，朱碧磊珂，如金沙布地，荡漾不停，澄澈迅疾，潜鳞了然，荇发可数。两岸垂柳，带拂清波。他坐在独木桥上，溪水濯足，沁凉入骨。

袁中道与山庄主人从湖南岸前行，来到华严废寺，又到华严洞浏览。洞内有石床可坐，山洞甚为宽阔，可容千人。他们登上望湖亭，远望西湖，荷花映日，柳堤蜿蜒。山麓溪壑间畦罫整齐，稻浪千顷。

傍晚闲走裂帛湖畔，拂土读碑，方知此处原是古昭化寺遗址。但四处察看，连佛殿基址也无法辨认了。

回到史园住处，袁中道在壁间题诗《过史金吾玉泉山庄口占题壁》，以志此行：

其一

偶亲碧岫容，忽共清泉话。

大喜辋川庄，归予杖履下。

其二

看竹不问主，子猷大有韵。

若逢佳主人，那忍不相问。

其三

名园共韵人，缺一皆成俗。

山水有清音，还宜丝与竹。

袁中道先是写了一篇《西山十记》，全面记述他游历的西山景观。其中的《记二》，专写玉泉山的泉水、山洞、寺庙和竹树田园环境。不久又写了一篇《西山游后记》，记述从高梁桥经西湖、玉泉到香山以至山后的妙高峰法云寺的经过，共十一节。其中有一节专写玉泉山的裂帛泉，可见他对玉泉山泉水的关注和喜爱。《裂帛泉》全文如下：

泉从玉泉山石根出，流声甚壮。溢为渠，了了见文石，

沁冷彻骨。依山瞰泉，原为昭化寺基，寺已废。予谓像法，至今日盛极矣。山陬海澨，莫不备极庄严。至西山一带，宝地相望，此处与京师最近，山棱棱有骨，水泉涵澹，极为秀冶，而听其涸残，且夷而为场圃。刹亦有幸与不幸欤！其邻即为史园，正泉所出也，有亭在焉。石色泉声，大类虎丘剑池，以水活，故胜之。缘竹径而上，如龟背，上有堂三楹，可望远。后有洞，阴森甚。燕中不蕃竹，此地独盛。夜宿其中，风大作，如广陵潮生时也。

第三章 康熙帝建成澄心园

澄心园建成于康熙二十一年

玉泉山地处瓮山和香山之间，山势峻峭，泉流丰沛。清廷入关后的首位皇帝福临，即多次在此校猎和驻跸，并派太监来管理。康熙帝玄烨从康熙十九年（1680）开始修建玉泉山行宫，当年十二月二十二日即"驻跸玉泉山"。康熙二十一年（1682）行宫建成后，命名"澄心园"。当年八月初三至十一日，康熙帝在此园连住了九天。玉泉山澄心园在康熙三十一年（1692）奉旨更名为"静明园"。静明园成为康熙帝经常游览赏景和驻跸理事的山水离宫。

玉泉山的管理官员，澄心园时初设管园总领一人、副总领二人。康熙三十年（1691），增设副总领和笔帖式各一人。

澄心园的建筑景观和占地规模

澄心园的宫殿、寺庙及风景建筑，以至它的四至所在，已不能准确地确认了。因为在乾隆十五年（1750）以后，乾隆帝大力扩建静明园，将园界扩展到玉泉山四周，旧围墙被拆毁；园内原有建筑也经过拆毁和改建，使得原来的主要建筑如皇帝和太后寝殿、书房等全被改造不见原物了。根据《康熙起居注》提供的材料：澄心园内有一座太后宫。康熙二十六年（1687）六月十二日，"上迎皇太后，送皇太后至玉泉山宫内"。另外，此书还多次记载，"上御玉泉山内前亭"召见重臣理事。这"前亭"应在康熙帝寝殿的前边。还有，康熙二十一年（1682）八月初六，"上御玉泉山东门"召见新任命的杭州副都统。这"东门"只是泛指，很可能在后来的东门"含晖堂"所在地，有一座供皇帝使用的殿堂。

清音斋。位于裂帛湖北侧，殿堂三楹，坐北朝南，殿额为康熙帝御书。这是澄心园中最早的建筑。乾隆帝在诗注中写道："静明园建自康熙年间，清音斋皇祖御额也。"清音斋旁翠竹成林，矗立两株古栝，依山面水，满庭绿荫。乾隆帝坐在斋内读书品茶，窗外泉声风声隐隐传来，更衬托得这里清爽静谧，环境幽雅。乾隆帝弘历在乾隆十一年（1746）游览静明园时，曾写有一首《初夏游玉泉山清音斋小憩》：

别院清和六辔停，琴斋潇洒静因宁。

娄春花色丁星紫，过雨山容缥缈青。

乳窦玉淙声倍壮，绣茵绿缛气犹馨。

阶前双栝解人意，送与新阴翠满庭。

心远阁。位于玉泉山东南坡半山腰，由清音斋顺山路攀登，路旁有三楹敞轩，坐北朝南，即心远阁。这里"后依丹巘前列乔柯"，颇

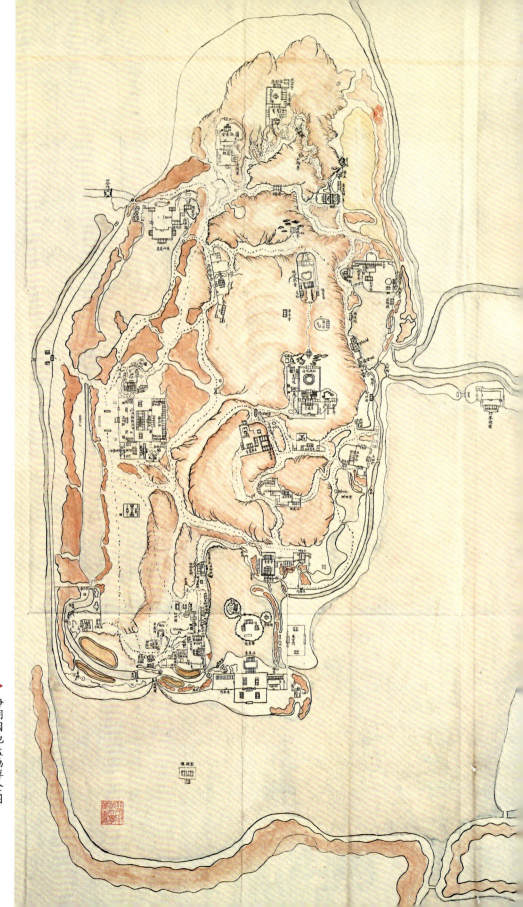

静明园地盘画样全图

有倪瓒画意。阁西另有房屋三楹，额题"碧云深处"。乾隆帝《心远阁》诗有"敞榭崇椒上，寻蹊展步行"之句。乾隆帝在乾隆七年（1742）写有一首《心远阁秋眺》：

> 松柏青青槐柳黄，登高把菊作重阳。
>
> 卧楹写雾轩窗迥，飞观图云翰墨香。
>
> 檐铎风声传梵呗，稻畦秋景貌江乡。
>
> 吟余试看前春句，树影依然上粉墙。

赏遇楼。位于玉泉山西南侧岭上，四周松竹围绕，可以眺望园外风光，是出西门的必经之路。乾隆帝在乾隆五十一年（1786）登上此楼时，称它为百年书楼。在"好在书楼百岁矣"句后有注："园中诸处间或有新构筑者。至清音斋暨此赏遇楼，皆康熙年间所筑，逮今百年矣。"他的《赏遇楼》诗写道：

> 高楼构峰顶，潇洒似萧斋。
>
> 林壑供吟兴，山原入望佳。
>
> 霞光红到座，树杪绿侵阶。
>
> 错绣看畦畛，悠然畅我怀。

函云城关。《日下旧闻考》载："绣壁诗态之北为水月庵，又东为城关……城关建自康熙二十年，圣祖御题额曰函云。"这座石头城关高丈余，东额函云，西额澄照，皆康熙御题。这座城关是园内东西相通的要道，往东可达龙神祠。

以上几座建筑物肯定是康熙澄心园时的遗物。对于澄心园的四界，我们找不到具体的文字记载，只能读到康熙帝的近臣张玉书写的一篇《赐游畅春园玉泉山记》。那是康熙帝降谕，准许身边一些重臣进畅春园和玉泉山游览。文中写道："初六日癸酉，早，上御玉泉山静明园。诸臣俱集，从园西门入。园在山麓，环山为界。林木蓊郁，结构精雅，池台亭馆，初无人工雕饰。而因高就下，曲折奇胜，入者几不能辨东西径路。攀跻而上，历山腰诸洞，直至山顶，眺望西山诸胜。"

康熙帝笔下的玉泉山

康熙帝留下了一些记述和描写玉泉山的文字，有诗也有赋。他在《玉泉赋》中写道："若夫天产瑰奇，地标灵迥；融则川流，峙惟山静；抚风壤之清淳，对玉泉之幽靓；信芳甸之名区，而神皋之胜境也。"这里山川瑰奇，风壤清淳，是芳甸名区，神皋胜境，真是"天作地成，以贻皇上"，正适合康熙帝修建一座皇家园囿。玉泉风光之被人尊崇艳羡，最突出的优势在于它有常年喷涌的玉泉水。康熙帝对玉泉有全面的准确的概括。他描写了玉泉趵突的动人景观："源出高冈，溜生寒麓，瑶窦溅珠，琼沙喷玉。"他又写道："侔色则素缬无痕，俪质则纤尘不属，挹味则如醴如膏，揣声则为琴为筑。"玉泉水的颜色像纯白的绸缎没有些微杂痕，泉水的质地纯净透明纤尘不染，泉水的味道清冽甘甜，泉流发出的声响像琴筑奏出的乐曲。玉泉水流成的小溪清澈渺弥，汇聚成平湖像一泓明镜、千顷玻璃。在这里修建的御园，就如同阆苑仙境一般。

康熙帝住在澄心园里，在处理完政务以后，观赏着园中景致，触景生情，诗兴勃发，美妙的诗句很自然地在脑际呈现，信笔写来，成为这位千古一帝生活和思想的记录。康熙二十一年（1682）八月的一天，康熙帝写成了一首《玉泉山晚景，用唐太宗〈秋日〉韵》：

晴霞收远岫，宿鸟赴高林。

石激泉鸣玉，波回月涌金。

▲ 玉泉山下的京西稻

25

熏炉笼竹翠，行漏出松阴。

坐爱秋光好，脩然静此心。

此诗颔联"石激泉鸣玉，波回月涌金"，用词工丽，对仗工整，确是月光下玉泉生动逼真的写照。

康熙帝以"重农恤商"为基本国策，非常重视农业生产，关心年景的丰歉。玉泉山周围便是广袤的农田，特别是京西稻田更是他关注的重点。他亲自试种和推广"早御稻"，为了管好海淀一带的御稻田，他命内务府在玉泉山下设立了"稻田厂"，促使稻田发展，产量提高。他曾写过《初夏玉泉山二首》：

其一

别馆依丹麓，疏帘映碧莎。

泉声当槛出，花气入垣多。

路转溪桥接，舟沿石窦过。

薰风能阜物，藻景已清和。

其二

山翠引鸣镳，湖光漾画桡。

野云低隔寺，沙柳暗藏桥。

百啭黄鹂近，双飞白鹭遥。

今年农事早，时雨足新苗。

静明园内外的景致如此瑰丽多彩，再逢时雨充沛，新苗茁壮，农活及时完成，预示着又一个丰收的年景。这是最让人解颐开怀的。康熙四十一年（1702）四月，京城又降喜雨，身在玉泉山静明园的康熙帝，又提笔写出一首《静明园喜雨》，表达他的心声：

西山初夏玉泉清，暮雨随风满凤城。

四野皆沾比屋庆，八荒尽望乐丰盈。

康熙帝在澄心园问政理事

康熙帝从澄心园建成后，即经常莅园休憩、游览并处理政务，直到康熙二十六年（1687）二月畅春园建成并常年驻跸后，才不再在玉泉山居住理政了。在这六年的时间里，康熙帝驻跸澄心园的时间和次数，在《康熙起居注》一书中都有简明而精确的记录。下边有选择地抄录几则记载：

康熙二十一年壬戌，八月初四日己卯，巳时，上率妃等、皇太子出西直门，幸玉泉山。是日，上驻跸玉泉山。

初六日辛巳，巳时，杭州副都统邵凤翔陛辞，奏请谕旨。上御玉泉山东门，面谕……命赐邵凤翔食。是日，上驻跸玉泉山。

初十日乙酉，早，上御玉泉山内前亭，大学士勒德洪、明珠从京至，同扈从学士席柱捧折本面奏请旨……是日，上驻跸玉泉山。

康熙二十二年癸亥，四月二十一日癸巳，巳时，上由西华门出西直门幸玉泉山。各部院衙门章奏，俱交内阁，命学上萨海扈行。其满大学士俱更番赴玉泉启奏折本。是日，上驻跸玉泉山。

二十六日戊戌，早，上还自玉泉山，诣太皇太后、皇太后宫问安。申时，上复幸玉泉山。

四月二十八日庚子，早，上御玉泉山内前亭，大学士勒德洪，学士阿兰泰、席柱、王守才同萨海捧折本面奏请旨……巳时，上自玉泉山幸潭柘寺驻跸。

康熙二十三年甲子，四月初九日甲辰，辰时，上御玉泉山内前亭。大学士明珠，学士麻尔图、席尔达、金汝祥同扈从学士图纳以折本请旨……是日，上驻跸玉泉山。

康熙二十五年丙寅，三月二十四日戊寅，巳时，上御玉泉山内前亭……是日，上自玉泉山移驻南苑旧宫。

康熙二十六年丁卯，六月十二日戊午，早，上迎皇太后，送皇太后至玉泉山宫内。未时，驻跸畅春园。

从《康熙起居注》提供的资料可知，自从康熙十九年（1680）始建玉泉山行宫起，至第一座大型御园畅春园建成的康熙二十六年

（1687）止，是康熙帝经常到澄心园驻跸的时期。其间他共二十一次到玉泉山居住、工作和游览，其中有十六次是从紫禁城前来，有三次是从南苑旧宫来，还有两次是分别从畅春园和潭柘寺来。离开澄心园时，十九次是回紫禁城，一次是去潭柘寺，一次是回畅春园。康熙帝到玉泉山的时间，大多是在气候比较适宜的春末夏初和秋天，共有十八次；其余正月、六月、腊月各有一次。在此期间，他共在玉泉山工作生活了五十九天，春秋季共五十天，其中四月即有三十天。

第四章 乾隆帝建成玉泉山静明园

扩建静明园

静明园的名字是康熙帝玄烨在康熙三十一年（1692）改定的。乾隆帝即位后，即使在扩建后仍然沿用了旧名。在他撰写的玉泉山诗作中，有"风物欣和畅，林泉果静明""山色静明不可孤，新秋况是耐游娱""静明绝胜处，山秀水偏清"之句。可知他是用"静明"二字来形容山色，概括山水林泉风致的。他沿用了静明园的称谓，并御书匾额悬挂在南宫门。

乾隆帝弘历从乾隆十五年（1750）开始，大规模地扩建静明园的景观建筑。此时正是处于他在京城西北郊兴建皇家园林的高潮期：圆明园的四十景建设告一段落后，已于乾隆十年（1745）开始了长春园各个景区的修建；香山静宜园于乾隆十一年（1746）基本竣工，二十八景全部建成；清漪园也从乾隆十四年（1749）开始，按计划全面施工。在静明园的整体规划中，乾隆帝注意利用和发挥玉泉山的山水优势，特别加强了园内的山水景观以及宗教建筑，并有计划地仿建江南著名园林的景观，同时按照皇家园林的特殊要求，把静明园建成中国古典园林的代表作之一。

到乾隆十八年（1753），静明园的扩建工程基本告竣。园区范围扩展到玉泉山的四周，建起了高高的虎皮石围墙。园区占地总面积达到六十五公顷。乾隆帝在这年六月写下了《题静明园十六景》组诗。这十六景是：玉泉趵突、廓然大公、芙蓉晴照、竹炉山房、圣因综绘、绣壁诗态、溪田课耕、清凉禅窟、采香云径、峡雪琴音、玉峰塔影、风篁清听、镜影涵虚、裂帛湖光、云外钟声、翠云嘉荫。这十六景，每一景都是一处独立的园林景观，或者是一处园中之园，或者是包括几个景物的一组建筑群、风景群。这十六景的分布主要集中在玉泉湖周围的南麓和东麓。

一个月后，即乾隆十八年七月，乾隆帝认为"玉泉山盖灵境也，虽亭台点缀，时有晦明，而山水吐纳，岚霭朝暮，与造物相终始。故一时之会，前后迥异，一步之移，方向顿殊，吾安能以十六景概之。即景杂咏，复成十六首"。这后写的静明园"三字十六景"是：清音斋、华滋馆、冠峰亭、观音洞、赏遇楼、飞云岫、试墨泉、分鉴曲、写琴廊、延绿厅、犁云亭、罗汉洞、如如室、层明宇、进珠泉、心远阁。静明园"三字十六景"，每一景都是一个单体建筑物或独立的自然景点。其中有一部分景点就包含在十六景的一些景观中。如华滋馆是翠云嘉荫的一座主要建筑物；分鉴曲、飞云岫是风篁清听的一部分；层明宇和圣因综绘紧连在一起；延绿厅、试墨泉则包含在镜影涵虚一景中。这"三字十六景"中，有相当一部分景点是在乾隆十五年（1750）以前旧有的建筑和自然景观，如清音斋、赏遇楼、心远阁、观音洞、罗汉洞等。这些景点纳入"三字十六景"中，给人的印象是：乾隆帝想重提一下他的皇祖康熙帝对建园所做出的贡献，显示他并未"忘祖"，当然这些景点也确实具有较高的观赏价值。

▲ 从昆明湖西眺玉峰塔

　　这静明园十六景诗是写出来了，但其中个别景点当时并未建成，而是后来补建的。玉峰塔也叫定光塔，在乾隆十八年写《玉峰塔影》诗时并未开建，而是在六年后的乾隆二十四年（1759）才建筑完成；而且修建的是一座七层宝塔，并不像《玉峰塔影》诗序中所写的"浮屠九层"。这是因为乾隆帝受到了"在西方建塔不吉利"议论的影响，而修改了原来的设计。

　　静明园在乾隆中期还有几项续建工程，其中最重要的就是乾隆二十年（1755）以后，修建香山引水石渠和开拓高水湖、养水湖工程，以及在园内修建涵漪斋建筑群。为了开辟水源，增加西郊园林和稻田用水供给，也为了有更多的河水流进北京城和供应漕运用水，乾隆帝在乾隆二十二年（1757）建成了香山引水石渠。一条石槽水渠从香山樱桃沟斜向东南，出谷口顺势下山穿过卧佛寺、经正白旗村西，通向四王府村南的分水龙王庙（广润庙）内的石砌水池。这是北股。南股是从碧云寺水泉院（行宫院）开始，引卓锡泉水，往东南经静宜园内的昭庙和致远斋前，流入勤政殿月河，汇合南来的双井（双清）泉水，再往东通过砖墙上垒砌的石槽，流进广润庙水池。南北二水汇合后，再沿墙上石槽往东流，经过普通寺、香露寺和妙喜寺南墙上的石槽跨过静明园西园墙进入园内，流进新修筑的涵漪湖。湖畔修建了宫殿建筑、叠落游廊、御船码头以及小瀑布等景观。湖水引向园内南部，与玉泉水汇合流出园外。在静明园外南部和东南部挖掘高水湖和养水湖，湖水浇灌稻田后，泄入昆明湖、金河和长河。高水湖中央修建了影湖楼，养水湖北岸修建了界湖楼。

此外，乾隆二十三年（1758）建成静明园最大的寺庙群——东岳庙和圣缘寺。乾隆三十六年（1771）在北峰上建成了妙高寺、妙高塔以及周围的楞伽洞等佛教建筑。

静明园的管理官员和服务员役，从乾隆五年（1740）后屡有增加。乾隆三十四年（1769）时，设有苑丞二人，苑副六人，委署苑副十人，笔帖式二人，催长一人。各类服务员役，包括园隶、园户、园丁、匠役、闸军等共有一百八十七名。另有太监五十八名。静明园的护卫工作，由圆明园护军营负责。

静明园主要景观概览

乾隆年间（1736—1795）的静明园，其最突出的特色和优势在哪里？什么景观是它最吸引人的地方？那就是静明园"三绝"——泉水、宝塔和山洞，其中最突出的是泉水和水景观。

玉泉山的泉水和水景观

玉泉是玉泉山的生命和灵魂。"……玉泉山，山以泉名。泉出石罅间，潴而为池。""玉泉山沙痕石隙随地皆泉。山阳有巨穴，泉喷而上，淙淙有声"。诗人们形容它跳珠溅玉、浮花溅石、飞瀑流珠，是十分壮美的自然景观。

玉泉确有与众不同的地方，归纳起来有四条：

第一，泉水质轻味甘，清澈如玉。明代作家形容它"水色清而碧，细石流沙，绿藻翠荇，一一可辨"；"水澄以鲜，深而浮色，定而荡光，数石朱碧，屑屑历历，漾沙金色，波波萦萦，一客一影，一荇一影，客无匿发，荇无匿丝矣"，其清澈洁净无与伦比。

乾隆帝提出了判断泉水优劣的标准，认为"水之德在养人，其味贵甘，其质贵轻。然三者正相资，质轻者味必甘，饮之而蠲疴益寿。故辨水者恒于其质之轻重分泉之高下焉"。他曾制成一只银斗，每出巡一地即令内侍用银斗精量名泉泉水的轻重，先后共测量了十一处名泉。他得出结论"凡出山下而有洌者，诚无过京师之玉泉"，玉泉质轻而味甘，"若至此，则定以玉泉为天下第一矣"。

第二，玉泉灵泉浚发，冬季不冻。玉泉地处北国，冬季严寒，各处池塘河湖都要结冰封冻。但玉泉水夏凉冬暖，终年不冻。即使玉泉水流成的玉泉湖和玉河（北长河），冬季也不封冻。当地乡亲称玉泉为"暖泉"，称玉河为"暖河桶"。乾隆帝说玉泉"泉暖故园中水历冬不冻"；"园中汇玉泉之水为湖，经冬不冻，澄泓见底，实赖灵泉浚发所致。晋傅咸《神泉赋》所谓'在夏则冷，涉冬则温'者是也"。乾隆五十六年（1791）早春二月，乾隆帝游览静明园，看见玉泉湖畔有一株山桃花凌寒绽放，当即写下诗句"春冷虽云群卉勒，泉灵却见一株开"，并高兴地说："北方虽际春分，而天气尚寒，惟玉泉之水经冬不冻。是以今日来此，其旁山桃竟有开放者。"

第三，玉泉水量丰沛，常年涌流。玉泉山遍地皆泉，水量大，有清一代从未断流。泉水在东如意门北侧三孔闸流出东园墙时，因有一定落差，哗哗的流水溅激声传出二三里地，在青龙桥西即能听到。

乾隆帝钦定玉泉为"天下第一泉"，不只由于它质轻味甘，还因为它是京畿多条河流的总源头。他写有诗句"泉称第一冠天下，灵佑皇都万载资"，并在诗注中加以阐述："玉泉灵泉浚发，畿甸众流皆从此潆注。予因定为天下第一泉。"玉泉水流出静明园后，流向东北方的是清河，流向东方昆明湖的是玉河，流向东南方的是金河。昆明湖水流向京城是为长河（南长河），金河也在昆明湖南几百米处汇入长河（原先与长河平行东南流，从和义门南进入京城）。长河水由北护城河东流便是坝河，流进城内便有了积水潭、什刹海、西苑三海、金水河、玉河、护城河以及出城后的通惠河。可以说，汇合了西山泉水的玉泉水是明清北京城主要的有时甚至是唯一的地表水源。玉泉水对北京的农田灌溉和园林建设乃至整个城市建设和市民的生活是非常重要的。

第四，宫廷用水，特酿御酒。玉泉水的优良品质，使它成为清代特定的宫廷用水，清代宫廷以此水为原料制成了宫廷用酒——玉泉酒。清代宫廷十分注重饮用水的质量，自从玉泉被钦定为天下第一泉后，即特定为宫廷专用饮水。《清稗类钞·饮食类》记载："若大内用水，则专取自玉泉山也。"宫廷内的食用水，由内管领负责，每天派专人驾驭插有宫中小黄旗的马拉水车，从玉泉山起程，经西直门运到宫内。西直门从此也取得了"水门"的专用称呼。玉泉水运进御膳房供帝后享用，凡尚膳、尚茶之水全部取自玉泉山。即使乾隆帝外出巡幸、围猎时，也要"载玉泉水以供御用"（《清稗类钞》）。

清宫御酒也要专以玉泉水酿造。清代宫廷酿酒由光禄寺良酝署负责。用玉泉水酿酒有专制的配方：每糯米一石，加淮曲七斤、豆曲八斤、花椒八钱、酵母八两、芝麻四两，可酿造醇美浓香的玉泉旨酒九十斤。玉泉酒的品质醇厚清香，为社会所公认。汪启淑《水曹清暇录》之《京城宫酒》一节略称：京城佳酿素称竹叶飞清、梨花湛白等；药酒则推状元红、五加皮等；外贩又有清河榨干、汾州白烧等；南来最好绍兴陈酝、杭州花露、无锡惠泉等，然价极昂，却总不及光禄神酎、玉泉醴酒醇而清香也。

乾隆朝酿制玉泉酒以后，皇帝平日用酒及节日饮用，主要是玉泉酒；御膳房做菜，也以玉泉酒为调料。乾隆帝每日晚餐经常饮用玉泉酒。据《内务府奏销档》载：乾隆五十年（1785）在乾清宫举办盛大的千叟宴，一次就饮用玉泉酒四百斤。皇帝还经常将玉泉酒赏赐宠臣、太监，用于祭典之礼。凡皇帝诞辰忌辰、清明节、端阳节、重阳节等，均需供玉泉酒于奉先殿。光绪十年（1884）这一年，不包括酒宴，只是宫内帝后膳房用酒、御前太监添行饭盒用酒、奉先殿等处

供酒、合药用酒等项，共销用玉泉酒八千零八十二斤二两。

静明园内泉水众多，经过建园时的开发和疏浚，形成了一个完整的水系，既有利于向京西各座园苑和京城提供足够的用水，又有利于在园内营造景观和乘船游览。玉泉湖水，一股向西南流，经垂虹桥从南园墙的水城关流入高水湖；另一股向东南流，由东宫门前的南闸出园，流入高水湖；还有一股汇合裂帛湖水向东北流，再汇合由北边引来的宝珠湖和镜影湖水，从东园墙出三孔闸流为玉河。园西北部有一座涵漪湖，是从香山和樱桃沟引来的泉水。湖水顺西园墙南流，穿过西宫门内小桥，经过西大庙前，在园西南部汇合进珠泉水，东流在垂虹桥与玉泉水汇合，流出水城关。这些水流，最终通过长河流进京城。静明园内湖水互相连通，建有多处码头和船坞。乾隆帝游园时，经常乘船驶往各处景点，也发挥了此园泉多水旺的优势。

静明园是一座山地园，但也是水景园，被称为"渚宫"，很多景观都是因水而设，以水成景，有水皆美，涉水成趣。十六景中很多是各具特色的水景观。

玉泉、玉泉湖和湖内外的景观

玉泉位于玉泉山的东南山麓。玉泉潴而为池，称为玉泉池、玉泉湖，简称玉湖。这是静明园最大的一片湖泊，湖界略呈竖长方形。据样式雷图档记载："玉湖南北均长七十二丈，均宽五十二丈五尺。"此湖被乾隆帝称为"第一湖"，有"取之无尽用不竭，第一泉为第一湖"的诗句。

　　玉湖内外各类景点集中，十六景中有五个景观分布在此，而且都是乾隆帝经常光顾的地方。

　　一是玉泉趵突。位于玉湖西岸玉泉山麓，原称"玉泉垂虹"，是金代明昌年间燕山八景之一。此景为历代诗人屡屡歌咏。康熙二十四年（1685）出版的《宛平县志》称之为"玉泉流虹"。乾隆帝在做皇子时写过《燕京八景》组诗，也沿袭"玉泉垂虹"旧称。但在修建静明园时，他改变了原来的看法，称"垂虹"为"讹议""诬辞"，并屡屡为自己写垂虹诗而自谴。他说"西山泉皆狀流，至玉泉山势中豁，泉喷跃而出，雪涌涛翻，济南趵突不是过也。向之题八景者目以垂虹，失其实矣。爰正其名"，遂将景名改为"玉泉趵突"。他还写过"笑我亦尝传耳食，未能免俗且雷同"这样的自责诗句。从此燕京八景之一的玉泉趵突，也成为静明园十六景之一。

　　玉泉湖西岸，玉泉近旁有两通石碑，左碑刊"天下第一泉"五字，为乾隆御笔；右碑刊御制《玉泉山天下第一泉记》，记述第一泉命名的缘由，碑文由汪由敦书。碑文内容是：

　　　　水之德在养人，其味贵甘，其质贵轻。然三者正相资，质轻者味必甘，饮之而蠲疴益寿。故辨水者恒于其质之轻重分泉之高下焉。尝制银斗较之。京师玉泉之水斗重一两，塞上伊逊之水亦斗重一两，济南珍珠泉斗重一两二厘，扬子金山泉斗重一两三厘，则较玉泉重二厘或三厘矣。至惠山、虎跑则各重玉泉四厘，平山重六厘，清凉山、白沙、虎丘及西山之碧云寺各重玉泉一分。是皆巡跸所至，命内侍精量而得者。然而更无轻于玉泉之水者乎？曰有。为何泉？曰非泉，乃雪水也。常收积素而烹之，较玉泉斗轻三厘。雪水不可恒得，则凡出山下而有洌者，诚无过京师之玉泉。昔陆羽、刘伯刍之论，或以庐山谷帘为第一，或以扬子为第一，惠山为第二，虽南人膏帛之论也，然以轻重较之，惠山固应让扬子。具见古人非臆说，而惜其不但未至塞上伊逊，并且未至燕京。若至此，则定以玉泉为天下第一矣。近岁疏西海为昆明湖，万寿山一带率有名泉，溯源会极，则玉泉实灵脉之发皇，德水之枢纽。且质轻而味甘，庐山虽未到，信有过于扬子之金山者。故定名为天下第一泉，命将作崇焕神祠以资惠济，而为记以勒石。夫玉泉因趵突山根荡漾而成一湖者，诗人乃比之飞瀑之垂虹，即予向日题燕山八景，亦何尝不随声云云。足见公道在世间，诬辞亦在世间。籍甚既成，雌黄难易。泉之于人，有德而无怨，犹不能免讥议焉。则挟德怨以应天下者，可以知惧，抑亦可以不必惧矣。

▲ 远眺玉泉山

往上一层石台，台上立有两块石碣，左碣刊御书"玉泉趵突"，上勒乾隆十六年（1751）闰五月二十九日上谕："京师玉泉，灵泉浚发，为德水之枢纽。畿甸众流环汇，皆从此瀿注。朕历品名泉，实为天下第一。其泽流润广，惠济者博而远矣。泉上有龙神祠，已命所司鸠工崇饰，宜列之祀典。其品式一视黑龙潭，该部具仪以闻。"这座龙神祠就建在石碣上方，面阔三间，庙门匾额御题"永泽皇畿"，于乾隆十七年（1752）落成。此后，乾隆帝多次到此祈雨谢祠，并写了多首来此祈雨的诗。

二是芙蓉晴照。玉泉湖的中部偏南有三座小岛，是按"一池三山"传统的仙境格局修建的。中央大岛上建造一座两层楼阁正殿，名叫乐景阁，其内檐额题为"芙蓉晴照"。楼前有两座牌坊，坊上石刻一为"宣恺泽振德风"，一为"晴岚接翠玉，镜澄波中岛"。楼旁有一座扇式殿，御题殿额为红泉馆。西岛正殿为受虚堂，堂边有座漱烟亭。东岛建有漪锦亭。

这一景观被乾隆帝命名为芙蓉晴照。因为金章宗曾在玉泉山建有芙蓉殿行宫，他怕被讥为拾人牙慧还曾专门做过解释。他的《芙蓉晴照》诗序写道："峰崿如青莲华，其巅相传为金章宗芙蓉殿遗址。名适暗合，非相袭也。"其实，乾隆帝在许多首诗中都以"青莲""芙蓉"来状写山峰。他将香山的一处山顶景观命名为"芙蓉坪"，并定为静宜园二十八景之一。他在《芙蓉坪》诗中写过"翘首眺青莲，堪以静六尘"的诗句。他的《香山杂咏》的首联是"翠色侵眸远近峰，分明万朵玉芙蓉"。其实即使是"相袭"也无可厚非。

芙蓉晴照没有桥和路与岸边相连通，必须乘船到达。御船码头设在南岸正中，船坞则在玉湖东北角。

乐景阁四面开窗，可在此欣赏四方的四季风光，春花夏荷秋月冬雪的景致美不胜收。但是在乐景阁观赏四时美景，就能获得真正的"乐"吗？乾隆帝的回答是：观赏美景固然是件乐事，但真正能使内心欢乐的，还是日思夜想的全国的农业丰收。他的《乐景阁》诗正是这样表达的："湖中高阁耸，纳景四时全。春丽花开日，夏凉荷净天。月波祇秋洁，雪岫益冬妍。问我乐何若，绥丰始信然。"

三是翠云嘉荫。这是修建在玉湖东北岸边的一座"园中之园"。样式雷《静明园南面地盘样》使我们对这一小园林有个概括的认识。去翠云嘉荫可以乘船渡玉湖前往，也可以沿玉湖东岸植满兰花的路径，经过土山边的六角亭，穿越搭建在小溪上的一座六丈多长的五孔弯转木板桥，迎面便是悬在宫门上的御书匾额"翠云嘉荫"。院内五楹正殿是乾隆帝行宫华滋馆，此殿建筑木料为清一色楠木，称作楠木殿，是乾隆帝经常流连之地。殿壁悬有两副诗联，一副是"树匝丹崖空外合，泉鸣碧涧静中闻"，另一副是"地学蓬瀛尘自远，身依泉石兴偏幽"，皆乾隆御题。从东宫门进园来此处非常近便，从西宫门进园时则要度岭、乘舟莅临。他在《华滋馆》诗中说"溪馆清而洁，坐斯理事宜"，还在诗注中写道："是处前临溪水，最为清洁，偶来于此传膳理事，颇觉怡神。"华滋馆有三间后抱厦，抱厦北边靠近山岩处是一座与华滋馆同样规模的翠云堂。堂后有两株植于金代的桧柏和几株古老的松树。桧柏高耸挺直，树冠繁茂葱郁，犹如一片翠云，树绿荫浓，幽静清爽。"两树盘盘蔚翠云"，"双梧不知古，一庭都是云"，翠云堂之名由此而定。乾隆帝又"因树为屋，故以嘉荫为名"，将此景定名为"翠云嘉荫"。

翠云堂的西边建有三楹落膳房，以供乾隆帝莅园时进餐。堂东边还有三座建筑一字排开，是为甄心斋、湛华室和点景房，中间由曲折游廊连通，前后有粉墙围护，斋前有弯曲的溪水流过，将玉湖和裂帛湖沟通。

甄心斋屋后有一片茂密的竹林，为这座湖畔小园林增添了生机和雅趣。乾隆帝很喜欢这片石壁下的翠竹，常在此徘徊观赏。乾隆三十九年（1774），竹林生病，竹子开花，整片地枯萎了。他束手无策，便令词臣在《永乐大典》里查阅医治竹花的办法。在《农桑辑要》一书中果然查到了"治竹花法"："竹花结实如稗，谓之竹米。一竿如此，久之则举林皆然。惟于初米时，择一竿稍大者，截去近根三尺许，通其节以粪实之，则止。"按此法试验，果然成功了。到乾隆四十一年（1776），竹林又恢复了繁盛翠绿的原貌。他写《甄心斋咏竹》诗以记其事，诗中有这样的句子："昨岁得医法，病祛兹益茂。是因翻大典，体物奇功售。猗猗万叶苁，矗矗千竿凑。映日鸾凤舞，摇风笙筑奏。"

四是廊然大公。这是建在玉湖南岸的一组建筑，正门在南边。宫门外立有牌坊，石刻额为"月渚""雪澜"。进静明园五楹南宫门，为廊然大公殿，正殿七楹，悬御书匾额。东西配殿各五楹；第二进院的后殿三楹，悬"涵万象"御书匾额。这是静明园的宫廷区。建筑严整，布局对称，与北边玉湖中岛上的乐景阁和南园墙上的南宫门，形成一条南北中轴线。也许由于这组建筑太规格化了，显得有些呆板，而作为行宫正门的南宫门又面南而设，由圆明园来游园还要往南绕路，所以乾隆帝从不进南宫门，也很少到这座相当于勤政殿的廓然大公殿来视事理政。

五是竹炉山房。位于玉湖的西南岸边。从龙神祠顺山路南行，由爬山荷叶墙开辟的东向屏门进院，便是坐西朝东的"竹炉山房"。据样式雷图档载："竹炉山房一座二间，各面宽一丈二寸，前后各进深一丈二寸，廊深四尺二寸，柱高一丈，台明高一尺二寸。"此山房是仿"惠山茗室"修建的。乾隆十五年（1750），乾隆帝南巡，在无锡惠山茶室听松庵品茗，喜爱烹茶竹炉之精雅，便命吴工在玉泉山和盘山仿制。静明园之竹炉山房于第二年建成。山房朴素幽雅，四壁陈放着许多册古人的茶书茶经，成为乾隆帝经常莅临品茶休憩的地方。

竹炉山房建成以后，乾隆帝写了一篇《玉泉山竹炉山房记》。全文如下：

> 古之人冬日则饮汤，夏日则饮水，无所谓茗饮也。茗饮其权舆于汉，而盛于李唐之季乎？然物必有其本，不揣其本而齐其末，未为善鉴也。茗饮之本，其必资于水乎？不于水之甲乙，定茗之高下，虽摘焙点烹精其制，雨前雷后辨其时，北苑荆溪、龙井、天目别其地，踵事增华，议论滋繁，解渴悦性之道逝其远矣。若惠山之竹炉茶社，可谓知茗饮

之本焉。其地盖始于明，僧性海就惠泉制竹炉以供煎瀹，茶舍之名，因以是传。前岁偶至其地，对功德，注冰雪，高僧出尘之概，仿佛于行云流水间也。归而品玉泉，则较惠山为尤佳。因构精舍二间于泉之侧，屏攒峰之岌嶪，俯回溪之潆漾，天风拂林，众乐迭奏，浏莅卉歈，若丝者，若竹者，若宫商角徵羽者，与涟漪绮縠相上下。观难为状，听复不穷，而仿惠山之竹炉，适陈砥几蟹眼鱼眼之间，亦泠泠飒飒作声不止。无事习静之人，乐此经年不出可也。而余岂其人哉！时而偶来，借以涤虑澄神，亦不可少也。夫精舍、竹炉皆可仿，而惠泉则不可仿，今不必仿，而且有非惠泉之所能仿者焉。是不既握茗饮之本，而我竹炉山房之作庸可少乎！

乾隆帝把竹炉山房建在"泉上""泉傍"，就是为了用天下第一泉的泉水烹茶。"山房咫尺玉泉边，汲水烹茶近且便"，"每至山房必煮茶，筠炉瓷碗称清嘉"。他认为，江南中泠虽称第一泉，却没有竹炉用来烹茶；惠山虽有竹炉却是第二泉；只有在玉泉山竹炉山房烹茶，用的是天下第一泉的泉水，又是用竹炉烹制，才是最好的最爱饮的茶水。他饮用的茶叶也是天下第一，是最好的雨前龙井茶。他的《竹炉山房作》一诗写道："泉傍精舍似山家，只取幽闲不取奢。就近烹炉第一水，尝新遂试雨前茶。"诗注说："时浙省例贡雨前新茗适至，遂以泉水试之。"

　　乾隆帝每至竹炉山房饮茶，必有新诗题写。到乾隆五十八年（1793）仲春再来此地时，他已经写了五十多首以"竹炉山房"为题的诗。再写新诗，已是壁间无处可容了。怎么办呢？他写道："楣檐题遍浑无罅，不竭用之泐壁阿。"诗注云："向日山房题咏俱揭之楣间，年久已遍，无隙可容。因于山房外石壁间摹泐，嗣后可以用之不竭矣。"他要用在室外"选壁泐石"的办法，继续将竹炉山房的诗写下去。此后又写了九首山房诗，直到去世前半年还写了两首。

　　竹炉山房的前边是一道山溪，是玉湖水流往垂虹桥的通道，河岸为山石驳岸和护岸栏板，栏板中设有御船码头。沿河西岸，从竹炉山房到西院墙有一道长二十八间的爬山游廊。院内紧靠西侧山道，还修建了开锦斋和翌太和两座建筑，与山房有曲折游廊连通。翌太和的建筑规制与竹炉山房完全相同。"开锦斋殿一座三间，各面宽一丈二寸，前后各进深一丈二寸，周围廊各深四尺二寸，柱高一丈一尺。"（样式雷图档）在这座湖畔山麓小院中，开锦斋是主要建筑。它位置居中，坐西面东，且规制较大。乾隆帝对此处的位置和风景十分赏识，说它"背倚石崖耸，面临湖水流……四时花似锦，讵独擅于秋"。

　　从开锦斋往西，便到了玉泉山的西南侧岭，山峰上有康熙年间（1662—1722）修建的赏遇楼，乾隆帝称之为"百岁书楼"。楼旁青松挺拔，翠竹摇曳，可以眺望园外风光，是进西宫门游园的第一个憩息站。他的《赏遇楼》诗写道："一径茏葱入古松，重楼畅望据西峰。今朝赏遇于何是，所愿春云布渐浓。"

裂帛泉、裂帛湖和裂帛湖光

　　裂帛泉位于玉泉山东麓，玉泉湖的东北方。泉水从山麓喷出，在泉眼东山下汇成一座小湖，名裂帛湖。明刘侗、于奕正《帝京景物略》载："……山根碎石卓卓……去山不数武……裂帛湖也。泉进湖底，伏如练帛……涣然合于湖……湖方数丈，水澄以鲜……漾沙金色……"这是"以状名湖"说，持相同观点的还有朱国祚的《裂帛湖上作》："水净一匹练，山围六扇屏。"也有"以声名湖"说，《潇碧堂集》载："（华严）寺北石壁泉出，其下作裂帛声，故名裂帛泉。"此二说其实并无矛盾，乾隆帝认为二说兼而有之，他在《裂帛湖三首》诗中，先说"越縠吴纨水面铺，不须裁剪费工夫"，自然说的是湖面像铺一匹锦帛；继而又写道"不独当前淡色呈，泉临溪口静常鸣。白家诗里寻清会，正是四弦如一声"，言裂帛之声如四弦奏鸣。

　　裂帛湖是静明园中的第二大湖，南北长五十一丈，东西宽约六丈。湖西岸有六角龙王亭，亭边大石上镌刻乾隆御题"裂帛湖"三个大字。湖北岸有建成于康熙年间的清音斋，额题为康熙御书，内檐额为"高山流水"。清音斋前后也有两株古老的桧柏和一片竹林。环境清幽，翠荫满庭，波光峰态，妩媚怡人，乾隆帝常在此斋休憩读书。清音斋以"音"命名，当然指的是泉流的声音，另外还包括了梵寺的钟鸣和风吹竹林、松叶的声响。这在他以《清音斋》为题的诗作中可以找到印证："山如净体无余净，泉是清音中最清。""泉奏琴音流砌畔，风传梵响度岩阿。""数竿竹是湘灵瑟，一派泉真流水琴。”“借曰斋奚胜，有松亦有泉。云间谡泛籁，石罅响调弦。”

裂帛湖畔这优美的景观，被称为“裂帛湖光”，为静明园十六景之一。

清音斋的东边是坐西面东的含晖堂。含晖堂正对东宫门，门外玉河设有码头，是从清漪园到静明园的登陆地点。所以含晖堂便成为乾隆帝在静明园的最先落脚点，也是在此园的“视政之所”。他写有《题含晖堂》诗：“堂傍园门近，入门据座清。阅章慎熙绩，简职企抡英。”诗注说：“入园门率憩此堂，披阅章奏，引见人员。虽游览之顷，未尝废政务也。”他在另一诗注中写道：“堂近园之东门。每于此召见臣工，披阅章奏，一切政务期协大公。睹兹堂额，奉无私照之义，益觉昭然。”

清音斋西山麓为碧云深处，其东为心远阁。心远阁是建在山腰的一座敞轩。乾隆帝曾就阁名多次发表议论。虽然登上心远阁，却时刻惦记的是老百姓生活的艰难：“予心远固不在此，四海民艰一念中。”他在另一首《心远阁》诗中还说过，要心近礼义，心远私欲，这才是做人的正道：“礼义心远否，私欲心远善。试告甄心人，择斯可弗免。”

溪田课耕和迸珠泉

在玉泉山南麓的西部，水城关以西的园墙内，是一片河泡和稻田。在河北岸山麓，建有一座课耕轩，这里便是“溪田课耕”一景，为静明园十六景之一。样式雷《溪田课耕图样》记载："溪田课耕殿一座三间，各面宽一丈，进深一丈四尺，前后廊深各四尺，小檐柱高一丈，台明高一尺二寸。"课耕轩背倚玉泉山，山坡砌满点景山石，东西园墙为花砖宇墙。东有平路通向华藏海寺，西有山路可迤逦到达进珠泉。东北和西南园墙外，各建三间值房一座。

乾隆帝在御园修建溪田课耕一景是为了问农观稼，"与田翁课晴量雨"。他在乾隆十九年（1754）写有《课耕轩》一诗，其前大半为："疏轩倚秀岩，俯畅名课耕。溪田带左近，引水艺稻粳。墙外即高田，禾麦千畦呈。向者偶凭窗，欣闻叱犊声。今来再骋目，绿剡已滋荣。及时资好雨，庶可希西成。"他不但能看到园内的稻田，还能凭窗听见园墙外农民吆喝耕牛的喊声。墙外高田生长着千畦麦田。他倾心关怀着园内外农作物的生长，盼望着眼前绿油油的稻秧再逢喜雨降临，一定会有一个好的收成。乾隆十九年（1754）时，园墙外还是广阔的农田，乾隆二十四年（1759）以后便挖成高水湖，没有庄稼生长了。

进珠泉在课耕轩之西，距河岸只有六尺五寸远。泉畔建有一座水榭，名真珠船。乾隆帝写有《进珠泉》诗："青蒲戟戟石磷磷，错落倾来万斛珍。最是松风萝月下，夜深仿佛见鲛人。"他用万斛珍珠倾泻出来比拟进珠泉喷珠吐玉的动人景象，可称生动而逼真。但他说在深夜时松风萝月下仿佛遇见了鲛人，则纯粹是想象。不仅鲛人是虚妄的，就是他本人也不会在深夜月光下来到进珠泉边，因为他从来不在静明园过夜。

峡雪琴音和山顶泉

峡雪琴音是静明园十六景之一，位于玉泉山顶峰北坡的一座山峰上。从北坡下行，迎面是一堵看面墙，墙中间有一座门罩，面宽一丈，进深一丈一尺。进门后正房是五楹殿堂，东厢房五间，西侧有两座平台，分为两间和三间。正殿悬"峡雪琴音"匾额，殿内额为"丽瞩轩"。从中间的穿堂来到后院，正房三间，东西有顺山房和转角房。东房五间，南为俯青室，北为罨画窗。房东侧为山石峭壁，砌有虎皮石驳岸。院西侧为七间游廊，廊壁上嵌七孔什锦花窗，院正中是一个大型山池，东西长五丈余，南北宽三丈。水源从院西山峡通过游廊下的水沟流进山池。山顶泉水发源于游廊西侧山石中，乾隆帝诗序写道："山巅涌泉潺潺，石峡中晴雪飞洒，琅然清圆。"这就是命名"峡雪琴音"的原因。

出第二进院北行，沿山石踏跺下山，在半圆形荷叶墙北部正中，开辟一座圆光门，通向北山。

因为此景建在山巅，经常有白云缭绕，乾隆帝称之为"云衢"，称丽瞩轩为"云轩""高轩"。他在《丽瞩轩》诗中写道："虚窗面面听松涛，峰顶开轩据最高。碧涧深潭常在望，春风秋月总宜遭。"而东边的罨画窗和俯青室，则可以东望万寿山、昆明湖和山下的玉河、垂柳以及稻田。这里一窗一景，一瞥一画，有望不尽的山水画、田园画、人物画，然而皇帝最关心最爱看的还是秧苗、稻穗所构成的农村丰收画。"近巘遥峰一览中，最欣铺甸绿苗芃"正是表达了这种心境。

出峡雪琴音南门，可到东南方的丛云室。出北边圆光门，可到西北方的招鹤庭。

宝珠湖和风篁清听

在玉泉山北峰东麓山根的碎石中，有两眼清泉流出，但由于沙石堵塞，水少流细。修建静明园时经过挖掘清理，疏剔导流，两泉变得喷射飞涌，如玉如珠，在山前形成了一座清澈的小湖。两股清泉被乾隆帝命名为宝珠泉和涌玉泉，小湖称作宝珠湖，因位于北峰东麓，也叫东湖。他在《书画舫》一诗中，记录了疏泉的经过："山后亦有泉，映咽隐沙石。疏剔导其流，灂汨淙乳泽。喷出双珠圆，汇成一湖碧。"他还由此发出感慨：这两眼泉水本是天赐之利，却被长久地埋没了。如果不是在建园时将它挖掘疏浚，这股"灵液"便会终古不见天日。泉流如此，人又何尝不是如此呢？世上有些人才终生未被发现，他们被忽略，被埋没，没有对社会做出应有的贡献。这是谁的责任呢？

宝珠湖西岸，修建了一座船舫形的临溪精舍，名书画舫。乾隆帝记述为"为室湖涯上，肖舫如泛宅"，"泉上筑朴室，规模一如船"，"北山落脚即东湖，水裔房如舣触舻"。书画舫西南建有含经堂。

宝珠湖水南流，与试墨泉水汇合，形成了一座比东湖还要宽阔的镜影湖。二湖中间修建了一座园中之园，这里便是静明园十六景之一的"风篁清听"一景。

根据样式雷《玉泉山静明园风篁清听各座等地盘图样》，可知此景的梗概。园西是青翠的高山，北部和东部沿河湖堆起一道曲折逶迤的土岗。宫门建在镜影湖北岸，迎门是一个水池。进门向东折北再往西是长长的游廊。游廊东南角建一座四方亭和两间的"绕屋双清"。园北的正房为风篁清听楼，两层五楹，楼前有宽阔的月台。楼东侧为如如室，楼西侧为近青阁楼和撷翠楼。这几座建筑北边建有一道花砖围墙，圈成一个后院。通过北墙的圆光门和墙外的土山口，北可达宝珠湖。

在园内的河湖水畔、土山四方、游廊两侧以及园内空地上，种植着

▲ 玉泉山静明园风篁清听各座等地盘图样

一片片竹林。清风阵阵，竹动韵清，令人"萧然有渭滨淇澳之想"。

从撷翠楼西侧，通过倚岩跨涧的曲折穿廊，通到建于山岩上的书室飞云嵝。此处可以看到东园墙外的广袤的稻田和耕耘的农夫。乾隆帝写有《飞云嵝》一诗，讲述飞云嵝与藏云的情景："两峰斯过峡，盘曲能藏云。今乃不胜藏，飞去飞来纷。云去雨还留，云归雨更殷。配藜硇即间，天水浑难分。墙外即稻田，农夫笠底欣。"

乾隆十九年（1754），又在风篁清听楼南滨湖地带，添建了一座创得斋，五楹，前廊后厦。北有游廊分别与正楼和撷翠楼连通，东北曲折万字穿廊可达宫门。创得斋建成后，成为乾隆帝在东北麓莅临最多的景点，不但将其作为攀登北峰的起点，还是传膳视事之所。其《题创得斋》诗载："北峰欲陟兹初路，小憩仍勤庶政诹。"诗注曰："将陟山阴，仍先于此传膳视事。"至于为什么取名创得斋，他说："甲戌以此间临溪构斋，如获意外，遂以创得名之。"这是一次新的意外的开拓。到乾隆五十八年（1793），乾隆帝再临此斋，他又将斋名与开拓疆土和"十全武功"联系起来，说："斋成于甲戌年，彼时以创得颜额，亦未料后日屡有拓土开疆之事也。"乾隆帝把题额视为佳兆，在《创得斋即事》中写道："题名本无心，孰知佳兆示。准部及回疆，金川台湾地。缅甸与安南，归顺前后至。即今廓尔喀，叩贡加恩暨。凡此胥创得，十全近著记。"

镜影湖和镜影涵虚

镜影湖，西至山坡，东至围墙，是园东北部最大的湖泊，南北长二十二米，东西最宽处九米。湖西岸有试墨泉水流注湖内。泉边建一座重檐方胜亭，其旁有临湖水榭弄珠室。往北有曲折游廊通往松饰岩和"镜影涵虚"。镜影涵虚殿倚山面湖，是这座建筑群的中心。大殿三楹，有一间后抱厦。出抱厦可登上绿荫丛中一座不大的山洞，凉风习习，清爽可人。湖东北部建有一座五楹敞厅延绿厅。湖南岸不远有写琴廊，其旁为分鉴曲，其西有观音阁，额题"坚固林"。再往南即是东如意门。

镜影涵虚是静明园十六景之一。这组建筑不在湖中就在水边，命名设景全与水字关联。写琴廊名为写琴，实为写水写泉，这有乾隆帝《写琴廊》诗为证："曲折回廊致有情，槛依泻玉静中鸣。""北峰前度未曾游，缦转斜廊进步由。忽讶何人弹绿绮，俯看始悟写泉流。"

分鉴曲是山东麓湖水分为高下两股流水的地方，高水和低水各有通道，又各有用途。乾隆帝在《分鉴曲题句》诗中写道："玉泉山左亦有泉，却与玉泉各分泻。其泉大小亦不一，汇为平湖东注也。东注出墙汇玉河，墙内本自分高下。高者三闸以出之，分灌高田颇弗寡。下者别就五闸出，灌低未可搏跃假。分鉴之曲所以名，渠宁饮潄资吟把。"园外的稻田有北边高田、南边低田之分。分鉴曲的水，由迤北三孔闸东泻者为高水，用以灌溉高田；由迤南五孔闸东泻者为低水，流入玉河，归昆明湖，只可灌溉低田。但是乾隆五十年（1785）春天，分鉴曲迤北湖底冲出一个洞穴，湖水盘旋下注，漏下去的水都从五孔闸流走了，以致迤北水量不足。恐怕将来湖水不能蓄高，则北边高处的稻田难以灌溉，乾隆帝便传谕将湖底漏洞壅筑堵死了。看来，乾隆帝不仅将玉泉水作为造园的资源，看作观赏的对象，还非常重视水的灌溉功能和农业效益，不忘用水治水，兴修水利。这是应当肯定的。

涵漪湖和涵漪斋

前边所讲的泉、河、湖水，都是玉泉山自身涌出的泉水，涵漪湖的水却是从园外引来的。乾隆二十二年（1757），修建了两道引水石渠，将香山卓锡、双清等泉水和樱桃沟泉水，在四王府广润庙汇合，再通过高架石槽引到静明园西墙内，并在此修建了涵漪湖和涵漪斋建筑群。根据样式雷《静明园涵漪斋图样》，我们可以大致了解这组建筑群的布局和方位。建筑群位于静明园的西北部，西靠西园墙，东倚玉泉山西山坡，南面是涵漪湖，北面是一条水沟。三间宫门建在涵漪湖的北岸，门前是御船码头。进宫门便是前院，院正中是面阔九楹、前廊后厦的涵漪斋。东西配殿各三间，庭院四周都用游廊连接，西边为九间叠落游廊，南低北高，北端连接三间高台楼——飞淙阁。北边游廊正中是三间穿堂，可以到达后院。后院正中为七楹练影堂，堂东西侧建顺山房各三楹。顺院南游廊东行，可到达院东的一座五楹殿堂挂瀑檐。从香山引来的泉水，进入西园墙后，在飞淙阁前如瀑布一般跌落下来，又沿园墙北流，绕过重檐四方亭东折，在东山坡下汇入水池，再从石峡泻入涵漪湖中。湖中北部有一座歇山敞厅含峭居，敞厅西南在水中架设起红漆栏杆的万字游廊通向岸边的方亭，亭西即是挂瀑檐。

涵漪斋这组建筑建成时间虽然较晚，但这里的水景观很有特色，特别是那道飞流而下的小瀑布很受皇帝青睐。乾隆帝多次乘船或坐肩舆来此漫游，共写了七十多首诗抒发他的感受。修建这组景观，他有意识地吸收了王维辋川别墅的某些意趣。他的《涵漪斋》诗记载："位置若还觅粉本，辋川图里辨新丰。"诗注说："石渠宝笈藏郭忠恕《辋川图》，是处位置略仿之。"他在观赏飞淙阁前那条不长的飞瀑时，甚至联想到庐山香炉峰的瀑布："飞淙自在泉石，高阁乃享其名。可悟主宾无定，益觉云水有情。大珠小珠空落，日面月面烟生。香炉蓦问李白，三千尺此何争。"他多次辩诬，阐明玉泉水为趵突，而非垂虹，涵漪斋却有飞瀑流泻，还出现了"挂瀑檐"的殿名。为此，他几次在诗句和诗注中说明其原委："从香山碧云寺及卧佛寺引诸泉曲注于此，垂为瀑布，下汇成湖，方与玉泉合流，下浸稻田，其来源实与玉泉出自趵突者有别。"

高水湖、养水湖和影湖楼、界湖楼

在乾隆十五年（1750）挖深拓展昆明湖之后，为了更好地调节水量，利于蓄水灌田，又在玉泉山和昆明湖之间开挖了高水湖和养水湖。此二湖可说是昆明湖这座大水库的补充和配套工程，是它的附属水库。乾隆帝说："迩年开水田渐多，或虞水不足，故于玉泉山静明园外接拓一湖，俾蓄水上游，以资灌注。"高水湖是在乾隆二十四年（1759）修成的，主要是承纳玉泉山来水。玉泉水和涵漪湖水从东西方向汇流于垂虹桥后，南流出水城关进入高水湖。据样式雷图档记载："水城关一座，进深二丈五尺，面宽一丈二尺，高一丈二尺，桥面进深一丈七尺，雁翅斜长二丈。"玉泉水的另一部分从东宫门的南闸流入高水湖。高水湖中央修建一座影湖楼，使这座配套水库成为游乐的场所，成为静明园的一部分。乾隆帝去影湖楼必定要乘船出水城关方能到达。他写有《乘舟至影湖楼》诗："层楼宛在水中央，来往均资漾彩航。闸口放舟速于箭，一回眸顷出园墙。"还有一首《影湖楼》诗，写出了他游湖时快乐的心境："灵源蓄水拓池宽，灌输期资稼穑艰。楼据湖心揽湖外，客惟舟往亦舟还。会心表里神明镜，动影虚无窈窕间。快雨更欣逢快霁，偷闲于此亦开颜。"

高水湖有四个出水口，分别流入玉河、金河和东南的养水湖，另一出水口用来灌溉稻田。养水湖北口建一座界湖楼。楼旁玉河石桥上建两座石牌坊，东牌坊东面额题"云霞舒卷"，楹联为"层楼延阁镜光里，绿柳红桃烟霭中"；西面额题"湖山罨画"，楹联为"风月清华赢四季，水天朗澈绕三洲"。西牌坊东面额题"兰渚苹香"，楹联为"何处仙家觅蓬阆，此间逸兴寄潇湘"；西面额题"烟柳春佳"，楹联为"天光水态披襟袖，岸芷汀兰入画图"。题字皆乾隆御笔，这里是他经常来往之地，留有不少诗作。

静明园的寺庙和宝塔

静明园虽然是皇家园林，却有很多庙宇，具有很浓厚的宗教氛围。园内寺庙有很明显的特点，归纳起来有三条：

第一，寺庙数量多，占地面积广，而且位置显要。园内各类宗教场所有二十余处，山顶、山腰、山麓以及较大的景点内，都修建了各类庙宇。园内那些最显眼的重要位置，大多被佛寺和道观所占据。玉泉山南峰和北峰的顶峰，玉泉山南坡正中和西坡正中，都修建了高大雄伟的宗教建筑，这些地方都是静明园最重要的位置。

第二，庙宇的修建有明确的政治目的和特定的思想内涵。乾隆帝从尊重民族信仰和国家安定考虑，非常重视宗教活动和宗教建筑，他把支持藏传佛教作为加强全面统治的方针和手段。他还把道观和佛寺毗邻而建，这是清代帝王传统的尊孔、崇道、敬佛"三教合一"思想的具体体现。

第三，寺庙建筑形式的宫廷化、园林化和艺术化。园内主要庙宇建筑呈宫殿形式，规制恢宏，雄伟壮观，色彩亮丽，覆以黄蓝绿琉璃瓦，给人以神圣感和威严感。寺庙布局和建筑崇尚园林化和艺术化，使寺庙成为园林景观的延伸和组成部分，寺庙本身也是园林。静明园中的寺观，虽有一部分还保留和发挥着它的宗教功能，但大多数寺观的宗教功能已经淡化以至消失，而逐渐强化了它的游览观赏价值，甚至变成了纯粹的园林景点。这就是乾隆帝说"虽云述玉局，却不住僧曹"的原因。

寺庙和宝塔在宗教建筑中是紧密相连的。在静明园的寺庙群中，耸立起四座高塔。它们造型不同，材质各异，高低错落，色彩纷呈，使人大开眼界。它们分别坐落在玉泉山主峰、侧峰、山岭和山腰，选址恰到好处；造塔的样式有楼阁式、密檐式，也有金刚宝座式；在用材方面，有砖石结构，有全部汉白玉石雕，也有琉璃砖瓦砌成；从色彩上看，有通体纯白，有黄白相间，更有耀眼的黄绿青蓝紫构成的斑斓色彩。这几座异彩纷呈的宏伟建筑，将静明园装扮成一座"古塔博物馆"，使玉泉山获得了"塔山"的独特徽号。

静明园著名的宗教建筑很多，其中主要的有以下几组：

一是香岩寺和玉峰塔、玉峰塔影。香岩寺是建在玉泉山顶峰的一座寺庙，庙门南向。寺后为妙高台。敬一主人有《香岩寺》诗："雨霁空山夕，寻幽入杳冥。云封千涧白，露濯万峰青。飞鸟依檐宿，流泉伏枕听。朦胧空翠里，孤月自亭亭。"在香岩寺正中高高耸起一座七层宝塔，名玉峰塔，也称舍利塔、定光塔。这里便是静明园十六景之一的"玉峰塔影"。

玉峰塔，是仿照镇江金山妙高峰江天禅寺慈寿塔修建的，建于乾隆二十四年（1759）。八面密檐式塔身共有七层，塔高约三十米，底径近十二米。塔身中部为石质塔心，外层为青砖垒砌。每层都有围绕塔心的空间，八面外层都有拱券式镂花漏窗，可以瞭望八方。每层之间设置有砖雕仿木式斗拱，以承托塔檐。塔檐是用砖仿木质结构雕刻组装而成。每个檐角悬有铜铃。塔身染成杏黄色，淡雅而亮丽。塔内旋转式条石阶梯，可以层层上攀，共一百五十余磴可登上宝塔最高层。每层塔内都设有洞龛，龛内供奉铜佛像。每层佛龛都有乾隆御题额联石刻，其内容如下：

第一层：题额为：初地珠标。楹联为：螺纹现处黄金布，雁翅摩边碧玉遥。

第二层：奉金刚。题额为：二力胜果。楹联为：层霄胜护那罗法，列刹高函舍利光。

第三层：奉救度佛母。题额为：三摩慈荫。楹联为：窣堵势凌诸界迥，法雨缤纷聚宝花。

第四层：奉佛佚名。题额为：四知无遮。楹联为：梵香馥郁凝华盖，象演支提福德多。

Ａ 玉泉山下的石牌坊

第五层：奉三宝佛。题额为：五蕴皆空。楹联为：境超舍卫声闻远，摩耶力证众缘成。

第六层：奉三世佛。三面皆有额联，一面题额为：六度圆成。楹联为：能仁大力盈天宇，妙觉真如现佛图。一面题额为：毫相光明。楹联为：妙明境澈开修刹，智慧光圆灿宝灯。一面题额为：证去住因。楹联为：高标影接浮云净，诸相光融古月明。

第七层：奉无量寿佛。四面皆有额联，一面题额为：七宝庄严。楹联为：无边功德环狮座，最胜因缘耸雁台。一面题额为：恒河利益。楹联为：结跏应念依祇树，拾级超尘喻法华。一面题额为：遍法界观。楹联为：诸天围绕云霞映，多宝光明日月辉。一面题额为：同参最上。楹联为：极乐光音标佛偈，妙高香界驻仙轮。

玉峰塔的塔顶上，有八条垂脊，垂脊交会的中央，耸立起葫芦形铜塔刹，顶尖为一金色宝珠。

▲ 玉峰塔旧影

乾隆帝在乾隆十八年（1753）《题静明园十六景》组诗中，有一首《玉峰塔影》。诗有小序："浮屠九层，仿金山妙高峰为之。高踞重峦，影入虚牖。"诗如下：

> 窣堵最高处，岩岩霄汉间。
>
> 天风摩鹳鹤，浩劫镇瀛寰。
>
> 结揽八窗达，登临一晌闲。
>
> 俯凭云海幻，揭尔忆金山。

乾隆帝在建塔第二年，写了一首《登玉峰塔》诗："八面透玲珑，明标内外空。意为身口本，法离有无中。是日闲成陟，三春景不穷。问予喜何在，阿那麦芃芃。"站在玉峰塔最高层，天风劲吹，掀人衣袂，云雾在耳畔浮游，恍若身在仙境中。举目远眺，可望见绿树

▲ 玉泉山玉峰塔

葱茏中的北海白塔；闪亮的昆明湖如在足下；西望香山，碧云寺的金刚宝座塔在黄栌叶中闪现；北边金山丛岭中的景泰陵依稀可见。三春美景是多么让人心旷神怡。但是最令人内心喜悦的竟然还是那绿叶芃芃的麦苗。

玉峰塔以它优越的地势和精美的造型，成为静明园的标志性建筑，同时它还成为清漪园等数座御园最合适最巧妙的"借景"。站在昆明湖东堤西望，眼前是平静如镜的湖水，水尽头是桃红柳绿的西堤和亭亭玉立的桥亭。水面上则是以淡紫色的西山群峰和蓝天为背景，矗立在翠绿的玉泉山顶那座玉峰塔的倒影。再远望那真实的稳重挺拔的七层宝塔，正如乾隆帝诗中所描绘的：

峰头窣堵知何似？削玉为簪插玉蓉。

玉峰塔影，在京西园林群数不尽的旖旎景色中，占尽风流，享誉千古。

二是妙高寺和妙高塔。玉泉山北峰，也称北高峰，峰顶在乾隆三十六年（1771）建起一座佛寺，因为是仿照镇江金山妙高峰之制修建的，所以命名为妙高寺。寺前建一座汉白玉石牌坊，题额为乾隆御笔"灵鹫支峰"。正殿内额为"江天如是"，殿内供三世佛。殿后庭院宽阔，周围有回廊环绕。后殿三楹，为该妙斋。前后殿名均为乾隆御题。他还写有如下诗句："山寺适逢兹落成……我偶名之曰妙高。""妙高寺后构精舍，我遂名云该妙斋。"

妙高寺庭院正中，修建了一座缅甸式金刚宝座佛塔，名妙高塔。

妙高塔不是一座普通的寺中佛塔，它是为了纪念征缅战争的胜利而修建的纪念性建筑物。乾隆中叶，云南边界与缅甸木邦土司发生摩擦，乾隆三十二年（1767）起，开始派兵征战缅甸。清廷投入大量军队和经费，直到乾隆三十四年（1769）末缅甸请求议和，答应清廷十年一贡，战争才结束。清军撤出缅甸木邦时，将木邦佛塔绘图带回北京。乾隆帝为纪念征战缅甸的胜利，便按木邦塔图形在妙高寺内建塔，即妙高塔。乾隆帝对建塔原意做了简括性论述："塔建峰巅，仿金山妙高峰之制，因此名之。兹北峰上为木邦塔，乃乾隆三十四年征缅甸时，我师曾驻彼，图其塔形以来，因建塔于此，取兆平缅甸之意。"

妙高塔的建筑非常别致。塔的底部是高约两米的方形砖石基座，座四面辟四孔券门，在座内形成十字贯通的券顶。基座上的台面四周均有砖雕护栏，台面上建有五座缅式佛塔。中间的主塔，塔座呈八角形，四正方向辟四个券门，门上有短檐遮护。塔座上八面也都有护栏。塔座中间就是圆球形的覆钵和层层缩小的八层相

∧ 清末被毁坏的妙高塔

轮及铜质镀金塔刹。四座小塔，为圆柱形单层亭阁式塔。塔身顶部是一圆形罩顶，顶的中央部分立有十三层相轮，呈圆锥形，相轮之上安有铜质镀金的圆锥形塔刹。这五座塔的顶部均为圆锥形，细长而上尖，形如铁锥，被人们称为"锥子塔"。北峰的妙高塔与主峰的玉峰塔，分别矗立在京西的高空，南北遥相呼应，相映成趣。

在北峰，与妙高寺同时建成的还有石衕亭、小飞来以及楞伽洞等景点。石衕亭位于北峰东坡，亭前奇石成排，森森挺立。这使乾隆帝想起了杭州的排衕石。那是在西湖凤凰山下，南宋宫苑御校场遗址，有人工移置的双排石条列峙，被称为排衕石。玉泉山北峰小亭的排石为自然形成，遂命名为石衕亭。小飞来是北峰下的一座小山峰，乾隆帝将此峰指为杭州飞来峰分出的小支，即命名为"小飞来"。大概北峰的这些景观无一不唤起他对南巡时江南风光的回忆和联想。

三是华藏海禅寺、华藏海塔和绣壁诗态。在溪田课耕之东，登上玉泉山西南侧岭之顶峰，有一座围墙圈起的院落，南部为华藏海禅寺，只有三间庙堂。院落北部有一座七级八面汉白玉石塔，建塔不用一砖一木，全用青白石砌成，这就是"华藏海塔"。塔高十二米，径长五米。石塔矗立在一个八角形的汉白玉石平台上。平台上用高浮雕的形式雕刻有海浪，海浪中翻腾着龙和海狮、海马等海兽。平台上面是八角形塔基，塔基每面雕刻着展翅飞翔的凤凰和缠枝莲。在塔基上面是一层须弥座，须弥座束腰的八方石板上，雕刻着八幅佛教故事图案，内容是佛祖释迦牟尼《八相成道图》。画面中释迦牟尼及弟子、摩耶夫人、侍女、魔王等人物和动物形象，造型生动，精细真实。须弥座每个束腰的角上，都雕刻着一尊护塔力士像，威武而又雄壮。在塔台上置有三层仰莲花瓣，中间一层每个花瓣上都雕有一尊手持兵器或乐器的力士像。莲花瓣上面是八角形塔身。塔身的南西北东四方，分别雕刻有释迦牟尼、文殊菩萨、观音菩萨和普贤菩萨的佛像。塔身的其他四面，各雕刻着一尊手持金刚杵的护法神像。塔身之上是七层汉白玉石雕檐，檐角下都悬挂着铜铃。七层密檐之上是一座覆钵形塔刹。华藏海塔虽没有玉峰塔高大，但从山下望去，也颇为精美壮观，是一件"无材不石、无石不雕、无雕不奇"的巨大的石雕艺术精品。

▲ 玉泉山华藏海塔

▲ 华藏海塔上的佛像造型

在华藏海禅寺和华藏海塔之间，庭院正中为绣壁诗态殿。殿堂三楹，前廊后厦，各面宽一丈，进深一丈八尺。殿后石崖巉峭壁立，取杜甫"绝壁过云开锦绣"句意，名之曰"绣"，取名"绣壁诗态"。乾隆帝有"绝壁幻云烟，时开锦绣然"的诗句。绣壁诗态为静明园十六景之一。

四是圣缘寺和琉璃塔。圣缘寺是一座佛寺，位于玉泉山西麓、西宫门内仁育宫的南侧。庙门前为西园墙内南流的河水。圣缘寺坐东面西，庙门三楹，南北各开一座角门。第一进院正中为三楹天门殿，正殿为能仁殿，五楹，东西配殿各五楹。从殿后登上丹陛为第二进院，庭院高台上为慈云殿，七楹殿堂宽阔壮观，有后抱厦三楹。从殿前东西圆光门穿过，可分别到达南侧的清贮斋和北侧的阆风斋。

慈云殿东随坡上山，为寺庙的第三进院，也称塔院。东南北三面依山势起伏有围墙环绕，院内有多处人工堆砌的云步山石。庭院南部通过曲折的爬山游廊可登上一座四方亭。由慈云殿后抱厦向正东方向攀登，可到达高高耸立的琉璃塔。

琉璃塔是一座楼阁式和密檐式相结合的五彩琉璃砖塔。塔身呈八角形，四个正面较宽，四个斜面稍窄。塔高十六米。塔的底座为汉白玉须弥座。塔身七层，分为三组，第一组两层、第二组两层，均为重檐，第三组三层，为三重檐。每一组的西北东南四个正面，各开辟一个拱券式佛龛，供奉一尊佛像。在佛龛周围和其他四个斜面上，镶嵌着一排排用琉璃砖制成的小佛龛，龛内供一尊绿底金黄色佛像。全塔共有大佛像十二尊，小佛像六百三十六尊，总共六百四十八尊。塔身上部置有琉璃仿木式斗拱，承托着塔檐。各层塔檐的颜色不同，第一、第七层为金黄色，第二层为绿色，第三层为紫色，第四、第六层为青色，第五层为蓝色。每个檐角都悬有一只铜铃。塔刹由四周挂一圈铜铃的宝盖、铜铃形的刹身和铜刹顶组成，通体黄铜镀金，金光耀眼。

乾隆帝对琉璃塔情有独钟，在由他主持修建的宫苑中，在长春园法慧寺、万寿山花承阁、静宜园昭庙，也都修建了一座形体相近的琉璃塔。他还写过一篇《万寿山多宝佛塔颂》，颂诗的序文写道："五色琉璃合成宝塔，八面七层，高五丈余；黄碧彩翠，杂落相间；飞檐宝铎，层层周缀；楔窗户牖，不施寸木；黄金为顶，玉石为台；千佛瑞像，一一具足。坐莲花座，现宝塔中。轮相庄严，凌虚标胜。用稽释典，名曰多宝佛塔。"将这篇写万寿山琉璃塔颂的序文，用来描摹圣缘寺琉璃塔，也是非常合适的。

五是云外钟声和华严寺。从玉泉山南麓的"函云"城关东北行，攀过一段山路，就来到"云外钟声"，建在最底层的妙香室，三楹。东侧有门罩，走进院内，东西配殿各三楹。正北山上是资生洞及其抱厦，洞内供佛一尊，壁间嵌

▲ 玉泉山琉璃塔

石，镌有乾隆御书《般若波罗
蜜多心经》。资生洞西侧修一
座竹池，一片竹林郁郁葱葱。
抱厦前左侧立一通石碑，右侧
竖一根旗杆。由资生洞右侧登
上数十级台阶，即到达建于资
生洞上方的"云外钟声"殿。
此殿是在华严寺旧殿基址上修
建的。佛殿三楹，额题为"香
云法雨"。大殿内供奉三座金
佛坐像。因为殿据山巅，能听
到西山梵刹传来的钟声，梵钟

▲ 圣缘寺琉璃塔

远近相应，使人联想到"姑苏城外寒山寺，夜半钟声到客船"的情
景。这一景观被命名为"云外钟声"，为静明园十六景之一。

在妙香室东配殿的东边，有一座"御座房"小院。正房御座房三
楹，南房三楹，东西游廊各四五间。游山时可在此休息片刻，从云外
钟声殿顺宇墙下山路东北行，便可到达山顶的香岩寺。

六是东岳庙和玉宸宝殿。东岳庙又称天齐庙，位于玉泉山西麓，
西宫门内，坐东面西，是静明园占地最多、殿堂既多又宏伟的大型道
观，俗称西大庙，建成于乾隆二十一年（1756）。庙前由正面和南
北两侧共三座牌楼，圈成了一个宽阔的庙前广场。三座牌楼各有两面
匾额，中为天门启瑞、日观照华，左为云霏溥泽、寿鼎元符，右为受

生灵府、玉策神区。进庙门瞻乔门为一进院，两侧建钟鼓楼。进五楹二门岳宗门，迎面正殿为仁育宫，这是东岳庙的主殿，因而东岳庙又被称作仁育宫。殿额"苍灵赐喜"，供奉东岳天齐大生仁圣帝像。左右顺山殿为佑宸殿、翊庑殿，南北配殿为昭圣殿、孚仁殿。大殿前建有宽敞的月台，左右各立石碑一通，左勒御制《玉泉山东岳庙碑义》，右勒御制《仁育宫颂言叠旧作岱庙诗韵（有序）》。乾隆帝在碑文中阐述了在玉泉山修建东岳庙的缘由及其重要意义，认为玉泉山"滋液渗漉，泽润神皋，与泰山之出云雨功用广大正同。……则东岳之祀于兹山也，固宜"。

御制《玉泉山东岳庙碑文》：

> 东岳为五岳宗，德发扬，诩万物，出云雨以蕃殖嘉谷，阜成兆民，伊古以来，秩视三公，载在祀典尚已。顾天门日观去京师千里而远，岁时莅事，职在有司，方望之祀，非遇国家大庆及巡狩所至未尝辄举。是以郡邑都会往往崇庙貌以奉苾馨，夫亦以东方春生之气贯于四时，明灵肸蠁，无往弗格，祝釐祈祷，诚应响捷，如生气之于物，肖翘跂喙，洪纤美恶，无不毕达，固非特岩岩具瞻，表望齐鲁而已。京师之西玉泉山，峰峦窈深，林木清瑟，为玉泉所自出。滋液渗漉，泽润神皋，与泰山之出云雨功用广大正同。爰即其地建东岳庙，凡殿宇若干楹，规制崇丽，以乾隆二十有一年工竣。有司以立碑请，稽古制，四望无庙祀。然周官小宗伯所

职，四望有兆，典祀掌外祀之兆皆有域，又山虞祭山林则为主。曰兆，曰域，曰主，皆欲神有所凭依，而致其昭格也。近代既有象设，则立庙以祀，尤洋洋显赫，其致精诚以交于神明不益著钦！夫七十二君封禅之说荒邈无稽，而金泥玉检，登封岱宗，汉唐令辟尚不免侈为盛仪，动色矜耀，谓合于经所云"因名山以升中于天"。夫名山所在多有，均为造化灵粹所钟，英爽若接。东岳之为泰岱，人皆知之。而不知山岳之灵，不崇朝而雨天下，其精神布濩，固无不之。譬夫山下出泉，随地喷涌，导之即达，固不可谓水专在是，则东岳之祀于兹山也，固宜。是为记。

乾隆二十三年（1758）御制《仁育宫颂言叠旧作岱庙诗韵（有序）》：

玉泉山西择爽垲地建东岳天齐庙，而名之曰仁育宫。天齐之称见于《史记》，东岳岱宗则虞帝之所柴望也。今祠宇遍天下，明灵扬诩，理大物博，岂非以仁育万汇，不崇朝而雨天下？语曰：泰山不让土壤，固无往而弗格也。既为碑记以落庙成，兹经过展礼，辄依旧作岱庙韵以成颂言。出震尊为五岳宗，配藜布濩岂拘封？一拳即是扶桑石，五鬣宁殊汉代松？瑞气氤氲笼玉殿，苍灵肃穆仰金容。云行雨施崇朝遍，常愿休征佑九农。巡狩宁当岁屡行，崇祠择近致斋精。

天门东望一诚格，阳德中齐万物亨。秩长群神孰可匹？功先六子独称兄。锡禧虽每叨鸿贶，惟励钦承凛旦明。

第三进院正殿为玉宸宝殿。这是一座不用木料，全为砖石结构的无梁殿，在白石基座上用黄绿两色琉璃砖瓦建成，色彩艳丽，气势宏伟。它与南邻圣缘寺山上的琉璃塔，南北呼应，相映成辉。玉宸宝殿白石券门内，汉白玉石须弥座上，供奉昊天至尊玉皇大天尊玄穹高上帝像。从琉璃殿前月台两侧的角门，进入第四进院，已是玉泉山的山腰，正殿为九楹的泰钧楼，上下两层，左右为景灵殿和卫真殿，也是楼房。南北两厢各建五间两层楼和一间耳楼。

这座宏伟壮丽的大型道观的修建，体现了乾隆帝"三教合一"的思想。

七是清凉禅窟。这是与东岳庙北墙紧邻的一座封闭小型的寺庙园林。据样式雷《静明园内清凉禅窟地盘图样》显示，它的正门在南墙的中部，为坐北面南的建筑格局。从西南角门进园后，顺着东岳庙北墙外上山，即可到达正门。进门后是一座由游廊围绕的庭院。正北五楹殿堂为嘉荫堂，殿内供奉观音大士木雕像，是仿制杭州天竺寺佛像。后抱厦三间，有曲尺形的爬山游廊，连接东北方向建在山上的霞起楼，和西北方向的犁云亭。这两座建筑一高一低，可以在云步山石中穿过中央的仙人桥，互通往来。在仙人桥正北方上下两侧，建有圆亭和仙人台。

在前院，攀游廊东行上山，可以到达挹清芬和静缘书屋。

这座清凉禅窟很像一座名山古刹。乾隆帝在诗作中，把它与东晋时白莲社名士们在庐山的结庐营社相比拟；又把山中的环境比作五台山的中心台怀镇。这里虽然是一个远离尘世的神仙世界，但乾隆帝毕竟不能脱离凡尘，他还是一位大国的皇帝。他登上高高的犁云亭，眺望院墙外的农田，写了一首《犁云亭》诗：

> 绿甸高低绘麦禾，犁云锄雨较如何。
>
> 一年最是关心处，忧为兹多乐亦多。

面对起伏的麦浪，乾隆帝心里想着农业的收成。丰收会带来欢乐，歉收则令人忧愁。一年中最令人关心的事，就是年景的丰歉啊！

静明园的宗教山洞

华严寺旁的华严洞、罗汉洞、水月洞、伏魔洞。

《日下旧闻考》记载："由心远阁折而北为罗汉洞，又上为水月洞，又西山麓为古华严寺，后为云外钟声，东为伏魔洞。"

华严洞。即上华严洞，位于华严寺的东上坡。洞深三丈，宽二丈，高丈余。洞内正中有精美的汉白玉石佛龛，供奉石观音一尊，龛柱刻有乾隆御书楹联："会蔚适于幽处合，崆岈每与座中深。"石龛横楣刻有乾隆二十五年（1760）的题诗："牝洞悾悾内外虚，漫从相好识真如。嵌岩古佛无央数，一芥子中纳有余。"石洞四壁及洞

79

顶，均就山石雕刻佛像，体量在一尺上下，坐卧立倚，各尽其妙。每座佛像旁都镌刻有佛名，共约有上千尊佛像，所以又称作"千佛洞"。洞口摩崖石刻为乾隆帝在乾隆五年（1740）所题《华严洞勒壁》一诗："别院驻銮舆，瞻礼招提境。清晓趁风凉，扪萝登绝顶。嵌石老松苍，滴乳寒湫净。初上若无路，渐入多佳景。豁然云木开，古寺横山岭。石龛月相间，檐铎风声静。朱栏俯帝畿，烟火富闾井。旋憩华严洞，飒然衣袂冷。深窥潜窦黑，微听幽泉洞。何须一指参，自觉万虑屏。"

罗汉洞。即明代下华严寺的华严洞，原称七真洞。与上华严洞上下相直，洞前的殿址即"碧云深处"。洞外的摩崖石额镌刻"华严洞"三字，为明英宗朱祁镇御题。石洞的里口内外各有一副额联，都是乾隆御题。外额为"瓶水云天"，对联为"香龛俯瞰千层树，古像重开一面山"。洞内额联为"罗汉洞，天光云影俱诗料，鸟语花香长道芽"。洞口有两尊石雕金刚像，瞳仁突出眼眶，獠牙长在口外，面部筋骨隆起，各执一柄石杵，相貌极其狰狞，镂刻得极尽其神，令人望而生畏。原来这就是佛教的护法神哼哈二将。山洞内有一座石龛，供奉三世佛。龛额内外八面，外面四额为"是无尽藏，水流花开，孤云片石，得未曾有"；内面四额为"如是功德，降智圆妙，体自空寂，不以是求"。石龛两侧为罗汉雕像。

佛洞尽处石壁上，嵌有几块石板，镌刻有几首乾隆御制诗。一首是乾隆十六年（1751）初夏写的《罗汉洞》诗："吹窍送劲寒，凝珠滴湿润。牝虚既生白，砥平仍俯峻。錾岩栖变相，龙象纷腾迅。逐

景一清游，底虑嗤灵运。"另有一首乾隆十八年（1753）初夏写的
《题玉泉山罗汉洞》："烟霞蔚峰腰，松篁匝洞口。如如应真辈，洞
里乾坤守。常教月印心，不碍树生肘。每来寻故迹，是岂非昔有。点
缀一新之，将毋著相否。"

在这座佛洞的尽头石壁上，还镌刻着元代耶律楚材的词《鹧鸪
天·题七真洞》和明代夏言的和词。耶律楚材词写道："花界倾颓
事已迁，浩歌遥望意茫然。江山王气空千劫，桃李春风又一年。
横翠嶂，架寒烟，野花平碧怨啼鹃。不知何限人间梦，并触沉思到酒
边。"这阕词收入耶律楚材所著《湛然居士文集》中。夏言和词为：
"人世沧桑有变迁，灵岩玉洞自岿然。朝衣几共游山日，佛界仍存刻
石年。　　嗟岁月，惜风烟，等闲花发又啼鹃。只将彩笔题僧壁，玉
带长留向日边。"这阕和词收入夏言所著《桂洲集》中。

水月洞。位于罗汉洞西上方的山路旁。洞前接构抱厦一间，有乾
隆御题额联。门楣题额为"得大自在"，楹联为"春到百花间国是
众香开意蕊，月明诸岭外界归普照朗心灯"。山洞内额题为"水月
洞"。洞壁嵌巨型石匾一方，镌刻乾隆帝仿赵孟頫书《般若波罗蜜多
心经》，末署"乾隆癸酉（即乾隆十八年）暮春御笔"。经文旁镌刻
有癸酉年乾隆御笔之《自玉河泛舟至玉泉山》一诗："渚宫通一水，
泛览乘余闲。两岸耕织图，民务取次看。新蚕已分箔，初秧绿针攒。
林翠藏鸟声，啁唽复间关。半月未命游，景光顿改观。浩劫浴佛日，视
此一指弹。"山洞尽处有一座石龛，雕栏内莲座上有一座石观音雕像。

伏魔洞。位于水月洞的西上坡，洞口接构抱厦一间。山洞很小，

洞口镌刻着"伏魔洞"三字行书，下款镌刻一枚方形篆字图章，是"乾隆宸翰"四字。洞内供奉着一座一尺多高的关公石雕像，刻工极为精致。元明两代都曾封关公为"伏魔大帝"，故名"伏魔洞"。

玉泉附近的观音洞、地藏洞、吕祖洞。

观音洞。《日下旧闻考》载："龙王庙之南，循石径而入，为竹炉山房，南为开锦斋，后为观音洞。"又载："观音洞之南为真武庙，后为吕祖洞，旁为双关帝庙。"

观音洞，深和宽均为两丈。洞左摩崖为乾隆御书《般若波罗蜜多心经》和乾隆癸酉（十八年）夏御书《观音洞》诗："何处飞来此落伽？默然不更转三车。设云义谛无余转，者个非忘见转差。"洞右石壁间镂刻一座观音像，额题"观自在菩萨"，两边楹联为"月上层峰开鬓华，泉回曲涧演潮音"。石像的左上角刻两行小字，题词为"念彼观音力，能救世间苦"。观音石像旁镌刻"乾隆辛酉（六年）夏五御题"的《玉泉山题观音洞》诗："象胁林园遍大千，偶然趺坐在山巅。壶中弱水三千尺，若个能撑无底船？"原诗集第三句下有注："洞中石穴深杳，欲穷其境者，皆为水而阻。"原来洞中有一孔石穴，窈深不能见底，投以石块，发出咚咚水声。故而乾隆帝才发出"无底船"的感喟。洞壁还刻有"丁卯初夏御题"的《自香山回跸圆明园过玉泉山小憩》诗二首，原诗为四首，此处刻其二和其四："秀木嘉阴小立迟，瓯香砚净镇相随。子西诗句闲中领，正是日长山静时。""薜萝烟里陟丹梯，原隰平临绿意齐。咫尺林泉得佳趣，好山何必论高低。"石洞内还有一座英德石雕刻的观音像，端坐在石桌莲座上。

观音洞南侧有一座真武庙。殿门向东，上覆黑瓦，额题"辰居资佑"。庙内供奉真武大帝，赤足披发，身着金甲，手挈七星剑。殿前有一座石牌坊，两面额题分别为"水德司权""元极神霄"。左右两殿都供奉关帝，左殿内有两块檐额，为"文经武纬""大丈夫"。

地藏洞。或称土地洞，位于观音洞的南边。洞穴很浅，供奉地藏菩萨。洞口石壁镌刻"光明洞"三字。

吕祖洞。又名吕公洞，位于真武庙左侧稍后。传说八仙之一的吕纯阳（字洞宾）在人间传道，曾经在此洞居住过，故名。洞口摩崖石刻为乾隆御题"鸾鹤悠然"。洞内石龛塑吕纯阳像，壁间嵌三方石匾，一方刻"吕祖洞"三个大字，另外两方刻乾隆御制诗，一首是乾隆十九年（1754）撰《吕祖洞》："红尘称进士，紫府注仙真。示异常留迹，征灵每济人。烟霞九天近，艺术四时新。奠简星飞昴，依稀谒玉宸。"另一首是乾隆二十年（1755）写的《吕祖洞》诗："墨胎古洞阅时年，应祷修诚致意虔。云鹤仙仪为重整，只求岁美不求仙。"

北峰山腰楞伽洞和南无西方极乐世界安养道场。

楞伽洞。位于北峰妙高寺下方东南山腰间，洞口向东。洞外左边峭壁上，雕刻八部神像十余尊，有颈项垂挂骷髅者，有三头六臂、四头六臂者，有手擎钟铃剑杵及日月火焰轮者，各尽奇异之状。山石上刻有"小飞来"三字。旁边刻有乾隆帝关于楞伽洞和小飞来的御笔题诗。他于乾隆三十六年（1771）五月头一次攀游北峰，写下了妙高寺等北峰景观的诗。《楞伽洞》诗写道："楞伽本是竺国山，何代不翼飞来止。依然诸佛坐峰巅，世间刻镂那办此。玲珑牝洞窅以深，调御演经付大慧。达摩云此可印心，那跋陀罗所译是。又如灵鹫识梵僧，是一是二非此彼。时方法雨霈滂沱，四山犹自大云起。帝释恭敬天龙喜，下视稻田足新水，利物诚无过斯矣。"《小飞来》诗写道："灵鹫本自天竺来，碧眼胡僧识非诳。诸峰罗坐海会佛，一一皆具好与相。玉泉北峰兹初登，亦见薄伽跏趺状。或是飞来分小支，得未曾有喜无量。慧云法雨既磅礴，忍草禅枝相背向。绿塍千顷胜西湖，此是人天真供养。何小何大何同殊，而我繁言益无当。"乾隆三十六年（1771）五月御制《楞伽洞口号》诗为："嵌岩一洞拟楞伽，四卷经文义若何？谩道空空徒四壁，可知佛法本无多。"

楞伽洞岭岈幽深，即使盛夏也感觉寒浸肌肤。迎面崖壁雕镂跏趺佛像三尊，侧壁又镌刻乾隆御制诗数首。北折至山洞尽头，也雕有古佛三尊，两侧有四位侍者。由此折返南行即到山洞南口。洞口外崖壁间镂刻有观音、天王等像。由此登山北上，便是妙高寺了。

南无西方极乐世界安养道场。位于妙高寺西侧山腰间，随山凿石，雕刻石佛三尊，跏趺坐，顶覆华盖，身垂璎珞，面相极为庄严。佛像上端刻字"南无西方极乐世界安养道场"。佛旁侍者为托塔天王和韦驮菩萨。稍东巨大石龛内刻弥勒佛像，作入定之状。石龛之左右下，刻有六位童子，左方一位作掏佛耳之状，左下方一位作惧佛察觉而惊走之状。右方一位童子作手执木鱼欲击佛身以使其警醒之状，右下方一位童子执槌作向佛欲击之状。正下方两位童子，一位手执牟尼在前，回首作走开之状；一位在后边拽住前童衣带作挽留之状。

弥勒佛与童子的生动画面，充满生活气息，引人揣摩思考，忍俊不禁。石龛左侧镂刻四大天王像。龛后石窟，刻有几尊跏趺古佛。石窟四周，依据山石的大小，在悬崖峭壁间雕刻了三十余尊佛像，形象生动，各具特色。

其他重要的景观和景点

圣因综绘。静明园十六景之一，位于玉湖的西南岸边，廓然大公的西北方的玉泉山南麓。此景为乾隆帝于乾隆十七年（1752）仿杭州圣因寺行宫建成。乾隆十六年（1751）乾隆帝南巡，在西湖岸边孤山下，看见康熙帝西湖行宫。此行宫建于圣因寺西，雍正帝于雍正五年（1727）为寺题额，西湖行宫遂更名圣因寺行宫。乾隆帝因喜爱此行宫之建筑规制，便绘图携回京城，在静明园仿建。这便是圣因综绘阁。二十年后，阁旁的松柏都长成大树，门窗的油漆也出现干裂剥落，乾隆帝便命人油饰一新。他在《题圣因综绘阁》诗中记载了建阁和重饰的经过："湖上行宫傍圣因，个间肖筑逼如真。廿年松柏渐成古，昨岁丹青重饰新。水态峰容学明圣，花光树色沐精神。绘来亦只综其要，那识吾心念在民。"

采香云径。静明园十六景之一，位于清凉禅窟东北方、玉峰塔西北方山腰。这一带建筑较少，清凉僻静，松柏丛竹苍翠，山花满径，纵使鸟鸣不时传来，仍然是个幽静的所在。据样式雷《玉泉山静明园内采香云径图样》，院西随山势建有一道宇墙，北部向西弯曲，南部向东弯成半圆形。宇墙外四方亭周围垒砌起一道长长的虎皮石驳岸。院门南向，进门后便是坐东朝西的采香云径殿，殿堂三间，前出一间抱厦，面宽一丈，进深一丈四尺，四周围廊均深四尺，柱高一丈，台高一尺二寸。殿北建顺山房两间。殿南院墙东端、紧靠东边石壁处修建了两间高台房，是为静怡书屋。乾隆帝有《静怡书屋口号》诗："翼然书屋山腰据，小憩笋舆肩者劳。片刻去来静安在？输他虚白此恒陶。"

崇霭轩。乾隆三十四年（1769），在南北两峰之间山坳的西侧，修建了一处建筑群。前后二进院落。前院正房为崇霭轩，东房为含醇室，后院正房为咏素堂。关于崇霭轩的位置，乾隆帝诗中多次指明"东升就西降，山腹辟书轩"，"文轩构山坳"，"山阴更有委宛处，遂过北冈复降卑。书室几间藏窈窕，晓春一晌览幽奇"。此轩虽不在峰顶，却也在山上高处，经常有云霭在轩窗间流动，甚至"手可扪"——"流霭坌檐楹，真教手可扪"，"一缕欲出楹，揽之不获手"。文轩位崇，手可扪霭，这就是此轩命名的来由。

对于咏素堂的名称，乾隆帝也有自相矛盾之处。"咏素"之名自然由他确定。后来虽对此产生怀疑，但他还是肯定"素"是可"咏"的，不过是"难咏"罢了。他写道"绘既可云后，素何不可咏？独是素无形，兼且无色靓"，"子云绘事后乎素，绘易咏而素咏难"；后来他又变了卦，说咏素是"伪言"："花色都因过雨净，松声不碍拂风翻。既云素矣如何咏？自信拈毫是伪言。"把自己取的轩名称为"伪言"，皇上自己说当然无碍，若是出自臣子或百姓之口，那肯定是要被治罪，甚至要被杀头的。

倚晴楼。位于崇霭轩西边的一处山间平台。乾隆帝在《倚晴楼》诗中说："山北片刻游，例由山南返。一岭不甚高，落西走蜿蜒。过是复就平，山楼倚翠巘。倚晴旧所名，时旸光入宛。"此楼取名"倚晴"，自然含有"喜晴"之意。对于"晴"的看法，有时是喜，有时变忧，有时又说晴雨皆宜，最后变成了"厌晴"。情绪转变的根据是什么？他在诗中写得非常清楚。

起始的看法是晴喜晴亦忧。乾隆帝写道："来此虽已频，忧喜亦屡转。旱时忧晴酷，霖际喜晴善。斯番忧未久，兹来喜则亶。"忧与喜转变的根据何在？回答是："山楼拾级倚晴空，每度登临意不

▲ 玉泉山下的驼队

同。旱畏晴霖喜晴好，所同仍只在农功。"判断喜晴畏晴的标准是是否有利于农业收成。正因为如此，就有了晴雨皆宜说。乾隆五十九年（1794）的《倚晴楼》诗写道："今春实多幸，地润腊雪积。晴弗晴均宜，拾级诚畅意。"因为"今春以昨岁秋冬雨雪优足，土脉方润，晴雨皆宜。来此洵为畅意"。嘉庆三年（1798）是个干旱的年头，他竟觉得倚晴之楼名让人讨厌，以致因反感而不再登楼了。他在《倚晴楼不登之作》诗中写道："舟泛木兰趁归暇，楼名因厌不登过。"他还解释说："楼额倚晴，原寓喜晴之意。兹当久霁望霖，未免睹楼名而生厌，因过而弗登。"此后，乾隆帝再也没登过倚晴楼，甚至再也没有去静明园游览，因为他已八十八岁高龄，半年多后即去世了。这首诗成为他写静明园的最后一首诗。

乾隆帝游赏静明园概述

静明园是乾隆帝经常游赏的御园。他游园的动机是什么？他为什么去静明园？他在静明园都做了些什么事情？要回答这些问题，必须先弄清静明园在北京西郊"三山五园"中的地位，它的性质、功能和作用是什么。

在乾隆年间，三山五园基本建成以后，畅春园是乾隆帝奉养皇太后的地方。他经常去那里请安，顺便也在那里进餐视事。圆明园是御园，是他常年居住和上朝理政之地，那里有完善的宫廷区，可以和在紫禁城一样批阅奏折、召见臣工、举行庆典、上朝理政，相当于皇宫以外的第二个常年的办公和居住地。而香山静宜园、万寿山清漪园和玉泉山静明园则是他游幸和驻跸的行宫。其中静宜园距离较远，他可作一日游或几日游，即有时在那里住宿过夜。而清漪园和静明园则不同，与御园近在咫尺，都是"过辰而往，逮午而返，未尝度宵"（弘历《万寿山清漪园记》），即全是半日游、一日游，从不过夜留宿。虽然静明园华滋馆设有皇帝的寝宫，也只是短暂休息而已。这就是乾隆帝所讲的："畅春以奉东朝，圆明以恒莅政，清漪静明一水可通，以为敕几清暇散志澄怀之所。"

乾隆帝常年有一半以上的时间居住在圆明园，也经常从御园出发前往京西各园和行宫寺庙。以乾隆二十一年（1756）为例。据清宫《穿戴档》记载，这年闰九月，全年共三百九十三日，乾隆帝去热河行宫和木兰围场六十六日，去曲阜五十四日，余居宫中一百零五日，居圆明园一百六十八日。在住居御园这一百多天中，曾去过西郊的万寿山清漪园、香山静宜园、玉泉山静明园、高亮桥行宫和黑龙潭龙王庙、觉生寺、大觉寺、清河等处。其中到静明园十八次，有七次是拈香求雨、谢雨和参加寺庙开光典礼。

乾隆帝到静明园途中是骑马、坐轿和乘船。十八次去静明园，有三次骑马、九次坐轿、六次乘船；返回御园时，是两次骑马、两次坐轿、十四次乘船。例如五月十二日，在御园内乘四人亮轿至藻园门外，骑马至玉泉山龙神祠拈香。返回时乘船至万寿山码头，登岸后换乘亮轿至藻园门。再如六月十四日，在御园内乘四人亮轿到藻园门外，骑马到静明园拈香并进早膳。乘四人亮轿游园后，乘船返回万寿山码头，再乘亮轿至藻园门。

从上述统计可知，乾隆帝非常喜欢乘船从玉河去玉泉山。他写的玉河泛舟诗就有八十四首，包括雨中泛舟、雪中泛舟等。有一首写道："两旁溪町夹长川，稚稻抽秧千亩全。意寄怀新成七字，绿香云里放红船。"把茁壮的稻秧比作"绿香云"，红色龙舟穿行其中，色彩何等鲜艳明丽，衬托出作者欢悦的心境。另有诗句"咿轧橹声知远近，菜花黄里度红舟"，也给人以相同的感受。

乾隆帝还喜欢骑马走这段路程，不太喜欢乘肩舆。他在乾隆五十年（1785）写了一首题为《凭舆》的诗，竟因乘舆而"汗颜"："凭舆非策马，由陆御园还。老景图养体，壮心殊汗颜。"句后有注："向自静明园回御园，或泛舟或乘马。今惟乘舆，实因长年也。"他这时已七十多岁了，因体力衰退而发出迟暮之叹。

乾隆帝到静明园来"散志澄怀"，具体都做些什么？

一是游山赏景。他称静明园为"帝京佳胜"，那里的风光"三绝"——泉水、宝塔、山洞，强烈地吸引着他，那里的山色水光堪称胜景。他在诗中写道："最是玉泉胜常处，波光峰态两兼奇。""玉泉殊胜其他处，翠濯山光浸水光。"他曾写了很多首诗赞美玉泉风景。玉泉的一草一木一山一石都是他观赏的对象，比如一株垂柳也颇饶兴味。他有一首《玉泉柳》"玉泉一株柳，临水弄晴丝。游鱼惊避去，疑是钓竿垂"，把鱼拟人化了，字里行间渗透着对垂柳、对玉泉景观以及对生活的热爱。

　　二是问农观稼。乾隆帝很重视农业发展，经常通过各种渠道了解农业情况，加强农业生产，不仅在静明园西南部稻田旁设置了"溪田课耕"一景，还在赴园途中观察玉河两岸的水稻生长情况，也常在玉泉山上眺望园外的庄稼长势。他在《首夏玉泉山》诗中写道："雨余一览玉山容，实欲因之历阅农。麦吐穗含风气爽，稻舒秧泛露华浓。"他甚至还抓机会与老农对话——"疏泉灌稻畦，每过辄与田翁课晴量雨"。他在《雪中泛舟至玉泉》诗中，有"慰听老农言"的诗句，句下有注："麦方长而遇雪则易伤。老农云：今麦始纽芽，于雪为宜。"老农的话使他倍感欣慰。

　　三是求雨求晴。乾隆帝每遇干旱时要到龙王庙去求雨。在西郊经常求雨的地方有四处，即黑龙潭龙王庙、觉生寺、清漪园广润祠和玉泉山龙神祠。他去过玉泉山龙神祠无数次，只求雨、谢雨、求雪、

△ 清人《三山五园图》中的静明园勤政殿等建筑

求晴的诗，即写过十八首。嘉庆元年（1796），乾隆帝已传位于颙琰，当了太上皇，还有求雨、谢祠等一系列活动。二月初七，他到玉泉山祈雪，写了一首《龙神祠祈雪》诗，他认为"北方二月之雪即甘雨也"。诗如下："明知地发润，仍吁泽资农。暖雨寒雪可，祈神布惠恭。来非畅游目，咏亦鲜欣胸。……"果然二月初八降雪了，又写《夜雪》诗："傍晚彤云布，入宵春雪霏。……晓晴京兆报，二寸渥郊畿。"二月十七日又降春雨，便又写一首《喜雨》，说："花朝前雪已称酣，何幸春霖复逮三。"诗注说："今岁正月初旬及昨初八、初十及十四连次得雪盈尺有余。已极酣足。""兹甫逾三日又获甘膏，深透不可以寸计，在北地实为仅见。"便又到玉泉山谢雨，写了《再至玉泉山得句》："玉泉再至非无事，感谢灵祠惠赐稠。"而静明园内外的山峰和田地更是令人高兴：由于十四日雨夹雪，而且下了六寸余，玉泉山西坡树木较稀的地方补栽的松树，趁势发润滋长，葱翠可观；园墙外田地中的麦苗已经返青，显得柔润而苍翠。这是一个丰收年景的兆头啊！乾隆帝在年节刚过的初春，连写了九首关于雨雪的诗。这表明作为太上皇，他仍然惦记着天气的阴晴雨雪，盼望着农业的丰收。

四是奉母游览。乾隆帝对母亲非常孝顺，经常奉母游览西郊各座御园，也常奉母乘辇游览静明园，曾写过四首奉母游玉泉的诗。乾隆五年（1740）写了《夏日奉皇太后幸静明园》诗："雨后园林景物闲，六龙时幸奉慈颜。花迎步辇饶生意，峰入窗棂濯宿鬟。隔院疏钟偏得得，会心好鸟亦关关。亲承色笑忘烦暑，多少欢欣柳外还。"

五是寻凉避暑。静明园地处西郊，山高泉凉，树密人稀，是京郊最好的避暑胜地，乾隆帝在诗中屡屡予以肯定："山深九夏似新秋。""嵌崖云雾上，朱夏同深秋。""山中树古不妨苍，阁里夏深还觉凉。"所以他在玉泉诗中多次表达是为避暑而来："宿具游山兴，因来避暑频。"他在《翠凉室》一诗中写道："翠微筑精舍，九夏如深秋。溽暑户外避，爽籁林端浮。"在这座岩斋中，"芸编雅宜展，筠扇权可收"。玉泉山确实是夏日避暑读书休闲的"最佳处"。

六是召见视事。静明园虽然不是专为问政修建，但有些政事不能贻误，也常在园中处理，即所谓"游览不废政务"。园内的廓然大公、含晖堂、清音斋、创得斋、华滋馆等处，都是"视事之所"。乾隆帝写有《题清音斋》诗，始四句写道："东向园门入，书斋近便临。瞻题惟永念，视事敢粗心。"他说，因为清音斋距东宫门很近，便常在此传膳视事。斋额为皇祖康熙帝亲笔御书，抬头看到，更应谦谨勤政，不能粗心处事。

七是歇脚进餐。乾隆帝从香山返回御园时，经常在静明园临时歇脚，或急于回圆明园理政，或抓紧时间去畅春园向母后请安，便急匆匆饮茶进餐后离开玉泉山。如《香山回跸过玉泉山之作》诗写道："香山五日小留连，清晓回銮过玉泉。……渚轩暂憩批章奏，川路旋遵进舸船。为诣畅春问安豫，春光无暇赏吟篇。"又有一首静明园诗写道："香山与御园，此地正居中。适可成小憩，无事行匆匆。"

八是撰文咏诗。乾隆帝写静明园的文章，在《清高宗（乾隆）御制诗文全集》之御制文集中，收进三篇文章，即《玉泉山天下第一泉记》《玉泉山竹炉山房记》《玉泉山东岳庙碑文》。他还有一些关于玉泉山的"上谕"，立在玉泉畔关于修建龙神祠的上谕即其中之一。至于他的玉泉诗，将在下文中进行概略的介绍。

乾隆帝游赏静明园，写下大量的诗作。他认为这里是很能激发诗情的地方，他说："我到玉泉常得句，为缘此地脱尘氛。"山高林静，远离尘嚣，无世事之烦扰，容易勃发诗兴，才能吟出无尽的诗篇。

笔者通读了乾隆帝写的全部关于玉泉山静明园的诗，做了一些数字统计，得出了几条很有意思的数据。虽经几次核实，也难保不会出现误差，但是不会相差太远。

第一，关于玉泉山静明园的诗，总共写了一千一百余首。其中写全园景致或泛写景物的诗一百二十首，写园中景点的诗八百余首，写来园或离园途中园外景物的诗一百三十首。

第二，共写静明园一百零九个景点。这些景点按景区分布的情况，其名称如下：

南山景区三十七景：玉泉趵突、龙神祠、芙蓉晴照、乐景阁、虚受堂、漱烟亭、翠云嘉荫、华滋馆、翠云堂、甄心斋、湛华室、竹炉山房、开锦斋、观音洞、赏遇楼、廓然大公、圣因综绘、绣壁诗态、写流轩、层明宇、冠峰亭、溪田课耕、课耕轩、进珠泉、真珠船、云外钟声、华严寺、妙香室、古香斋、寄畅轩、清襟楼、栖霞室、漱琼斋、华严洞、吕祖洞、罗汉洞、鹤安斋。

东山景区二十二景：裂帛湖光、裂帛湖、清音斋、含晖堂、心远阁、镜影涵虚、延绿厅、弄珠室、试墨泉、分鉴曲、写琴廊、风篁清听、近青阁、如如室、撷翠楼、飞云岷、创得斋、书画舫、含经堂、旷观斋、扶青室、憩云轩。

西山景区二十九景：清凉禅窟、嘉荫堂、霞起楼、犁云亭、挹清芬、静缘书屋、采香云径、静怡书屋、仁育宫、阆风斋、清贮斋、水月庵、涵漪斋、飞淙阁、练影堂、挂瀑檐、含峭居、积书岩、松饰岩、内朗室、空翠岩、清眺亭、岑华阁、云鹤岑、淡佳斋、翠匝亭、远风亭、翠凉室、倚晴楼。

玉泉山顶九景：玉峰塔影、玉峰塔、妙高室、峡雪琴音、丽瞩轩、罨画窗、俯青室、招鹤庭、丛云室。

北峰景区十景：妙高寺、该妙斋、石衎亭、楞伽洞、小飞来、崇霭轩、含醇室、咏素堂、远青轩、扶云亭。

围墙外两景：影湖楼、界湖楼。

以上这一百零九个景点中，写得最多的是竹炉山房，其次是华滋馆、涵漪斋、翠云堂、倚晴楼和界湖楼。

第三，在静明园十六景中，写诗最多的景观是翠云嘉荫，有八十多首，其次是竹炉山房、风篁清听、芙蓉晴照、峡雪琴音、裂帛湖光。

第四，关于这一千一百余首诗的写作时期，乾隆帝在做皇子时写了三首，当皇帝时写了一千首稍多，当太上皇时写了三十一首。

第五，这一千一百余首诗中，乾隆帝写作最早的一首诗，是雍正七年（1729）的《游玉泉山见秋成志喜》，时年十九岁；写作最晚的一首诗，是嘉庆三年（1798）的《倚晴楼不登之作》，时年八十八岁，离去世只有九个月了。

△ 从圣缘寺琉璃塔遥望西山

　　第六，乾隆帝在位期间，共有十年未写玉泉诗。这些年份是乾隆一、二、三、四、二十二、四十二、四十三、四十五、四十八、四十九年。写诗较多的年份是乾隆三十二年至三十七年（1767—1772）。这六年是他写玉泉诗的高峰期，每年都在三十首以上，最多的是乾隆三十四年（1769）写了七十多首。这六年中共写了近三百首，占全部玉泉诗的约四分之一。这时正是乾隆帝六十岁上下的年纪，身体强健，国家富强，统治稳固，是做皇帝比较顺利的时候，诗歌就自然写得多了。

　　乾隆帝写了这么多的玉泉诗，都可作为研究玉泉山静明园的珍贵资料。有些写得质朴自然、声情并茂、意味隽永，有一定的艺术欣赏价值。总之，我们把他的玉泉诗当作历史来读，就能体会到它的重要价值。

第五章　清代后期静明园的衰落和焚毁

道光咸丰年间静明园逐渐衰落

嘉庆皇帝清仁宗颙琰即皇帝位后，承康乾盛世之余绪，又趁势处死了大贪官和珅，获得了一大笔财富。"和珅跌倒，嘉庆吃饱"，这位嘉庆帝有了必要的资金继续进行皇家园林建设。他按照自己的指导思想和规划，完成了绮春园的建设，新修筑了敷春堂、清夏斋、含晖楼等一批大型殿堂楼阁，还在熙春园新建了省耕别墅，将清漪园的惠山园改建为谐趣园，等等。但颙琰是一位注重节俭的皇帝，除去对已有园林宫殿进行修缮外，便很少修建大型建筑了。颙琰本人沿袭了父皇乾隆常年居住在御园圆明园的先例，并且经常游赏三山行宫，而且是"游园不废政务"。颙琰到静明园去赏景，当然那质轻味甘的天下第一泉是不能忘怀的。他写有《观玉泉趵突泉源》一诗：

> 天下灵泉多，玉泉称第一。
>
> 在山毓清源，味甘而轻质。
>
> 寻幽到岩麓，拾级过竹室。
>
> 观其源混混，奇状难点笔。
>
> 初看万珠跳，翻溢荣光出。
>
> 洁白云瀚然，腾波更迅疾。

神膏进仙官，昼夜常洋溢。

自足溉良田，水德钦醇壹。

煎茗特余兴，赵州落口实。

色空本相因，泉岂分甲乙。

观赏玉泉，自然要到玉湖南岸的竹炉山房品茶，那也是一大享受了。

颙琰到静明园休憩、进膳和理事的地点是华滋馆。这是父皇修建的楠木殿，殿额和殿壁上的诗词联语条幅全是乾隆御笔，每到此殿便使颙琰记起先皇的伟业和教诲。他的《静明园华滋馆感赋》一诗写道：

永沐恩波浩，常怀圣泽深。

灵泉分广润，嘉树布清阴。

肯构思前典，瞻楣感寸心。

还祈慈佑溥，陇蜀被时霖。

颙琰游览静明园最直接的动机和目的，就是观稼验农和到玉泉龙神祠祈雨祈雪及谢祠。他能深刻地理解先帝"重农兴稼"的基本国策，非常关心农业生产的发展，把年成丰歉作为头等大事。他也很熟悉和喜爱玉泉山下这块丰饶的土地。他在"德水甘芳湛绿池，嘉稻千畦通海甸"句下的诗注写道："玉泉之水汇而为湖，并疏为渠，灌溉稻田数百顷。每至夏初，插秧莳种，罫亩布列，弥望青葱，不异东南阡陌。晚秋刈获，则比栉崇墉，村村打谷，较他处每多丰穰。盖泉甘土沃，故玉粒倍觉精腴。兹过青龙桥，凭览田家风景，弥深劭农之意耳。"颙琰每次从圆明园到静明园去，不是乘船，便是骑马。他多次写过"石衢策骑度青龙，山色湖光次第迎"；"石陌据吟鞍，朝岚挹飞翠"；"鸣鞭石陌度桥西，路近昆明转大堤"。他骑马扬鞭在无边稻田里行进，是何等的欢欣和惬意。他多次到玉泉龙神祠祈雨，其实他并不真的相信烧香跪拜会感动龙王恩赐甘霖，他曾写过"古所称麟凤来游，或亦即于附会，未尽可信"。他来祈雨，是一种政治姿态——继承先祖的旧制，也是一种心理惯式——践行现成习俗。祈雨体现了皇帝对农业和农村的关注，表现了其渴望喜雨的急切和赤诚。

嘉庆六年（1801）六月，天气干旱。颙琰在十七日到玉泉龙神祠祈雨，希望"叩祈神佑施甘澍，洗甲滋禾庆有秋"。第二天，他又命王公大臣分赴黑龙潭等几处龙王庙求雨。午时刚过，天空阴云密布，申刻一到即大雨滂沱，而且是通宵达旦。颙琰大呼"天心呼吸感通弥殷敬畏"，便到龙神祠谢雨。他在玉湖边写成一首《敬诣静明园龙神庙谢雨仍用前韵》："应祷罩敷渥澍优，更欣朗霁宿云收。寸衷诚感天恩浩，尺泽深蒙神贶稠。田润可期百谷茂，君难总为兆民愁。"在风调雨顺的日子，颙琰写过一首《雨后游静明园》，他通过对玉泉山下景致的描写，表达出愉悦的心境：

甘雨优沾即畅晴，郊原清景马前迎。

南湖潋滟澄波叠，西岭青苍列岫横。

罢亚香浮稻畦遍，溟蒙烟勒柳汀平。

授时茂对物咸若，静寄心源凛旦明。

道光皇帝清宣宗旻宁即位后，仍然照常游览静明园。有时是奉皇太后游园，有时是为赏景，有时是来祈雨。他在道光三年（1823）写了一首《初冬静明园即景》："冬晓鸣鞭拂面凉，静明山色总苍苍。只余红叶峰头灿，剩有黄花砌下芳。松岸鸦群翻旭日，板桥人迹印严霜。清泠涧曲鸣寒籁，胜地风光引兴长。"在御园和玉泉山之间往还，旻宁喜欢乘船来往，玉河岸边的秀美风光也许可以消解他心中的烦恼。他有一首《自静明园放舟至清漪园即景成什》：

曲折长河四面风，闲云舒卷互西东。

垂杨两岸秋光好，香稻千畦稼事丰。

景物偶探撷藻思，雨旸时切崖渊衷。

扬帆不觉舟行速，接境名园一水通。

在第一次鸦片战争失败，清廷于道光二十二年（1842）签订丧权辱国的《南京条约》以后，国势愈加衰弱，财政拮据。道光帝不得不大力倡导勤俭节约，压缩开支。静明园的官员和服役人员也大量削

减。《大清会典事例》记载：静明园"道光二十三年，裁撤员外郎一人，六品顶戴苑丞一人，八品苑丞一人，委署苑副二人，笔帖式一人"。道光帝甚至一度停止了游赏三山行宫。

咸丰皇帝清文宗奕詝即位后，于咸丰二年（1852）驻跸圆明园，仍然照例游览三山。咸丰六年（1856），他到静明园悠闲地观景品茶，写完《静明园即景》诗以后，又写了一首《玉泉山汲泉煮茗》："玉峰塔影印澄泓，第一泉真分外清。偶值几余瀹佳茗，半瓯讵止畅诗情。"直到咸丰十年（1860）三月中旬，奕詝还在静明园游山玩水，但他已被内忧外患折腾得精疲力尽了。

静明园被英法联军劫掠焚毁

　　咸丰十年（1860）八月二十二日英法联军侵略者劫掠焚毁了圆明园。八月二十四日，英法联军五百余人，凶神恶煞般地又抢劫焚毁了玉泉山静明园。北京西郊以"三山五园"为中心的皇家园林集群，在侵略者的魔爪下变作一片焦土。时任主管圆明园大臣宝鋆在九月初三的奏折中写道："（八月）二十二日，夷人二百余名并土匪不计其数，闯入清漪园东宫门，将各殿陈设抢掠。大件多有伤损，小件尽行抢去，并本处印信一并遗失。二十四日，夷人陆续闯入静明园宫门，将各殿陈设抢掠，大件伤损，小件多经抢去。"步军统领瑞常的奏折写道："八月二十二日之后，该队日日前往海淀一带驻扎。自九月初五日夷人复以大队窜扰园庭，将圆明园、清漪园、静明园、静宜园等各处焚烧。"当时不仅圆明园的珍宝文物被劫掠一空，三山行宫陈列的珍品也全被掠走。据内务府记载，当时静宜园实存陈设四万二千六百七十二件，清漪、静明二园陈设也有近九万件。这都是经过准确统计核对的。英法联军犯下了军事侵略、屠杀无辜、毁坏人类文明成果的滔天罪行。

同治年间静明园内外的水利工程

京西皇家园林被焚毁后，清廷从来没有放弃重修的希望。同治六年（1867），慈禧太后组织发起了静明园遗址内外的水利工程。此事由第六代、第七代样式雷——雷思起和雷廷昌父子共同主持设计和施工。国家图书馆保存有大量的关于此项工程的样式雷图文档案史料，这使我们能够详细、真实地了解此次施工的项目、进展和完成情况。这个水利工程有三项主要内容：整修从香山到静明园的引水石渠，静明园内的水利工程，北长河清淤工程。

香山引水石渠整修工程被分为几段，分别承包给了通和、德和、祥茂、恒和四个厂家，在同治六年（1867）三月初十正式破土动工。

第一段工程，整修从樱桃沟到四王府广润庙的引水石渠。从樱桃沟水源头起，穿过五华寺和

▲ 雷思起画像

隆教寺前。在观音阁大磐石下南折，沿卧佛寺殿堂院与行宫院之间南下，横过天王殿前至东路方丈院出卧佛寺，东南行绕过正白旗营房，到达四王府广润庙的石砌方池。石渠是用豆渣石凿成的凹槽连接砌成渠道，渠上用石瓦覆盖。这段工程须拆安石沟盖和沟底三成至四成，接修引水石沟九丈长，拆砌驳岸九十丈，将暗沟中的杂物掏挖干净，随水沟切刨土山二十五丈等。这段工程由恒和、通和、祥茂三个厂家分别承包施工。

第二段工程，整修从碧云寺引来的北支与双井（双清）南支在静宜园大宫门前汇合，再通往四王府广润庙的引水石渠。北支将碧云寺水泉院的卓锡泉水导入石渠，绕过香积厨，流入正殿前的放生池。东南支穿过静宜园北墙根流进正凝堂水池，再经勤政殿流到园门外月牙河。南支双井泉与玉乳泉水汇合，东北流入知乐濠，再由清音亭经带水屏山流进大门外月牙河。由静宜园宫门至四王府广润庙的地势复杂，便就高垫低修筑一道砖墙，将石槽置于墙顶，以保持流水通畅。这段工程除拆修更新三成豆渣石沟盖和沟底石槽外，还修建了两段共长五十丈的明渠，再安沟盖沟底。另外还将一道高七尺、宽三尺共长七百五十丈的砖墙，修筑得坚实稳固。还要添修两座涵洞等。这段工程由四个厂家分别承包施工。

第三段工程，整修从四王府广润庙到静明园内六方亭前的挂水池的引水石渠。由于地势不平落差过大，修筑了一道高低起伏的五百六十九丈长的砖墙，墙顶的石槽，沿着普通寺和甘露寺的北院墙往东，绕过妙喜寺的南院墙，跨过静明园的西墙进入园内。这段除拆安二三成沟盖沟底外，还要拆砌大墙四段共长十丈，在双水门添安过梁石一路。这段工程由德和厂负责施工。

这道香山引水石渠，总长二千九百九十丈零二尺，完全整修一新，使樱桃沟和香山泉水通畅地流进玉泉山静明园。

静明园内的水利工程共有四项，由德和厂承包施工。

第一项工程是整修涵漪湖周边：静明园西墙至六方亭前挂水池，拆修水沟一段，长九丈三尺；挑换沟盖三成，沟底五成；拆砌大墙一段，长八尺，拆推高峰一段，长一丈三尺；切刨土山长三丈五尺，均高八尺。这项工程完成后，得以将远途引来的西山泉水，顺利导入河道。

第二项工程是由西墙内的涵漪湖起始，顺园墙往南转东拐北至玉泉湖，开挖一道引水沟，长四百丈，河宽三尺，深三尺。从扇面殿迤北起，随灰土荷叶沟两边至天下第一泉南面两边，添筑土埝两段，各长四十三丈五尺，土埝宽和高都为二尺。还有其他几处河边土埝，总长一百八十七丈。

第三项工程是河湖清淤和挖掘船道：将南北长七十二丈、东西均宽五十二丈五尺的玉泉湖，和南北五十一丈的裂帛湖，全都深挖一尺五寸。园内龙船通道，由玉泉湖至水城关，水城关往西折北至涵漪湖，将河桶扩挖到均宽二丈五尺，深六尺。水城关以北有六个苇塘和三个河泡，河泡宽度分别为六丈五尺、十一丈、十一丈五尺，水深要达到六尺，可以行船。

第四项工程是修理桥闸，闸板添新二十三槽，包括清明如画出水关二槽，裂帛湖一孔闸一槽，写琴廊前一孔闸一槽等。闸板"俱用杉木承做，两头安定提环"。

此外，还有一项静明园东边的北长河清淤工程。根据河底淤浅情况，将北长河划分为四段，分别按一尺五寸至三尺的深度清淤。同时还将玉带桥至绣漪桥的昆明湖四丈宽的通道，挖湖清淤深二尺五寸，以利龙船通行。

与此同时，对南长河也实施了清淤工程。

在这次施工过程中，样式雷两代传人经常深入工程现场进行指导，检查施工进度和质量，保证工程顺利完成。同治七年（1868）二月，工程全部验收完毕。这项工程取得了很好的效果，使西山充沛的泉水顺畅地通过香山引水石渠，穿过静明园与玉泉水汇合，流经北长河、昆明湖和南长河，流进什刹海和西苑三海，不仅使西郊园林和京西稻田改善了用水条件，而且大大有利于水上御道的畅通，也为改善京城的生活环境起到了促进作用。

光绪年间静明园的修缮与再遭劫难

在同治年间（1862—1874），慈禧太后用全力重修圆明园，但是因为经费短缺、建筑材料难以备齐和群臣反对而半途停工。她又重新整治修建了中南海，得有园居之所。但是她未放弃重修西郊园林的希望，从光绪十二年（1886）起始，在清漪园的基址上修建了颐和园。与此同时，她还不时地前往圆明园遗址，并有零星的建筑施工。她对香山静宜园也未放弃，在光绪二十年（1894）七月，她发出懿旨，将香山中宫等处的渣土全部运走。除颐和园外，京西皇家园囿中重修工程最大的要数玉泉山静明园。慈禧太后为了动工修建和为以后游览做准备，在光绪十三年（1887）特增加了玉泉山的管理官员。据《大清会典事例》记载，这年增设六品苑丞四人，六品衔七品苑丞六人，八品苑副八人，笔帖式四人。

在中国第一历史档案馆的《颐和园施工清样》中保存了修建颐和园的详细施工记录。在这些纸折中，除去记录颐和园重修工程外，还有很多纸折内记录有重修静明园的施工内容。在笔者所阅读的从光绪十六年（1890）十一月十一日起，到光绪二十年（1894）十一月初十止的全部《工程清单》[缺光绪十八年（1892）材料]中，有一百五十张清单记载了静明园的重修工程，共三百六十条施工记录。例如："光绪十七年八月初一日至初五日各厂分作工程清单。静明园翠云堂台帮改砌干摆砖。拆砌两山墙耳房地脚，筑打灰已齐。华滋馆宫门头停苫背。丽藻堂御座房均成砌山墙头停苫背已齐。随调脊宽瓦。资生洞前东西配殿竖立大木。"这一页页的记录，真实地反映了光绪年间（1875—1908）重修静明园的历史。

这些《工程清单》的起草者，是清廷内务府奉宸苑卿英年。在清单中有一页有如下字迹："奴才英年谨看得颐和园寿膳房凿井座，宜在头层房院内东南巽方。谨择于四月初九乙卯日，宜用明堂己卯时兴修吉。"英年其人《清史稿》有传，姓何，字菊侪，隶内务府，为汉

△ 清末民初的静明园

军正白旗人，以贡生考取笔帖式，累迁郎中兼护军参领。光绪年间历任奉宸苑卿、左翼总兵、工部户部右侍郎。慈禧太后西巡时，英年充任查营大臣，授左都御史。后被八国联军指为祸首之一，赐自尽。在重修颐和园、静明园时，英年作为奉宸苑卿，负责的正是具体的施工任务。这些《工程清单》是由英年起草上报的。

　　静明园的重修工程是遵照慈禧太后的懿旨进行的。她不但要主持整体规划、工程布局，即使一些具体项目的细节，如房屋盖在哪里，门窗什么样式，龙船取什么名字，都要发号施令，不得移易。静明园《工程清单》中有这样一段记载：

　　光绪二十四年四月十九日：峡雪琴音两山著安窗筒各一座，每座安大玻璃二块。西面游廊原拟什锦窗，著改安大玻璃方窗。钦此。

同日传：松式仙舫赐名松舟，竹式仙舫赐名清舻，本苑棚船赐名云帆。钦此。

四月二十一日传：静明园内水月庵迤东择地建盖房数间，著绘图呈览。钦此。

同日传：静明园内棚船赐名云舫。钦此。

静明园修缮工程进行了五六年，慈禧太后肯定还有大量的懿旨，以便按照她的喜好和意愿进行施工建设。

光绪年间重修静明园的主要建筑景点，既是园内的重点景观，又是慈禧太后最关注的建筑。施工投入力量最大的是翠云嘉荫、玉泉趵突、云外钟声、峡雪琴音等。这些都属于乾隆帝圈定的静明园十六景范畴。

翠云嘉荫位于玉泉湖东北方，依山傍水，林木苍郁。主殿华滋馆楠木殿号称"乾隆行宫"，乾隆帝多次在此进膳、休憩和理政。这次施工的主要项目是：重新整修宫门和围墙，将正殿华滋馆和后殿翠云堂整治一新，钉好护墙板，进行外檐装修，糊饰顶格，修缮两山耳房，庭院地面铺砌新砖，游廊重新油饰，垒砌从宫门到船坞土山包的虎皮石墙，将南北两座木板桥和三孔桥更换栏板。为游览出行方便和安全，还修建了到达妙香室的宇墙和方砖铺地通向含晖堂和东门的甬路。

"玉泉趵突"一景是静明园的灵魂，乾隆御题的景名碑和"天下第一泉"碑，牢固地立在玉泉湖西畔。龙神祠经过整修，"永泽皇畿"的门额依旧赫然醒目，内檐两额却是由光绪帝载湉新题制的匾额，一是"灵源昭应"，一是"灵源广润"。这两块匾是载湉到龙神祠来祈雨获应，献匾以答谢龙神的。由龙神祠到华滋馆新修了一条铺砖甬路。湖岸得到修整，用条石新砌了南岸的龙船码头，湖东北隅的船坞重修后，又成了停泊龙舟之地，由慈禧太后亲自命名的"松舟""清舻"等仙舫，时刻等待它们的女主人出游。

另一个修缮重点是"云外钟声"一景，这里是明代上华严寺的旧址。最早动工的是原乾隆帝"御座房"小院。先把废旧渣土清理干净，再将正殿丽藻堂、南殿和游廊修好，垒砌了殿后已倒塌的虎皮石驳岸。丽藻堂西边邻院便是妙香室，正殿三楹、东西配殿各三楹以及游廊也经过整治。妙香室山上边是资生洞，洞前的东西配殿也经过整修。从资生洞攀石阶上山便是"云外钟声"殿，殿侧的驳岸和殿后通向山顶的路旁宇墙也修砌完好。宇墙附近有一座华严洞，洞外"香云法雨"殿也得以修整。这一组的工作量最大，从光绪十七年（1891）动工到光绪二十年（1894）才完工。

"峡雪琴音"一景位于玉泉山两峰之间，正殿新墁地面砖，两山各安窗筒一座，每座安大玻璃两块，拆修殿座台帮，錾打阶条石，补砌磉礅，垒砌东西两边山坡的虎皮石驳岸。为庭院西侧游廊更换地面砖，将破损的什锦花窗拆除，安装大玻璃方窗。为庭院中的水池重新垒砌了山石河帮，又恢复了山顶水池的原貌。只有当院外西山泉重新流进水池，"峡雪琴音"才算得上名副其实。

▲ 玉泉山玉峰塔近景

　　除以上几项集中的工程以外，静明园内还有不少零星的施工。如水月庵迤东修建房屋数间；东门内含晖堂北配殿整修一新；修复了澄照城关至妙香室西配殿后的攀山甬路；修建清音斋到水月洞和坚固林的宇墙，修缮了真武殿南北配殿的西山值房；等等。静明园经过几年连续施工修建，虽然没能恢复旧观，大部分园林建筑还是残垣断壁，破旧不堪，但它确已成为慈禧太后住居颐和园时，一个可以散心的去处。

　　但是没过几年，还没摆脱创伤旧痕的玉泉山静明园，又遭到一次劫难。光绪二十六年（1900）五月，美、英、法、日、意、德、俄、奥八个帝国主义国家，纠集成四万多人的侵略军，悍然侵入北京，烧杀劫掠无所不用其极。在北京城内抢劫的同时，还疯狂地侵占西郊皇家园林，毁坏殿堂，掠走文物珍宝，"天宫景致竟成鬼蜮之乡"。侵略者自己也供认："皇宫和颐和园里凡是可以搬得动的宝物，都被抢劫一空。"

侵略者的魔爪也伸向了与颐和园毗邻的玉泉山静明园。吴质生在《玉泉山名胜录》中谈到静明园的历史时写道："光绪间修理颐和园时是园稍加葺治，以备孝钦显皇后之临幸。于二十六年复因拳匪之祸而为意国军所踞（按：将帝国主义侵略归咎于义和团的观点是完全错误的）。其内之各殿宇又复狼藉。此后虽亦修葺，不过表面之二三而已。"据此书和管理颐和园事务所主任许星园主编的《颐和园导游：附玉泉山》一书中的记载，就有意大利侵略军进行破坏的具体例证。比如：

华滋馆曩为清高宗临幸驻跸之所。……其（墙壁）上皆镌御制诗联及花卉等。光绪庚子间多为外国人拆去，所遗者无几。

玉峰塔影即山巅耸然插入云霄之塔也。……昔每层洞龛内均置铜佛，各有名号。于光绪庚子间经外国人毁去。

观音洞在竹炉山房之南下径侧间。……内昔有英石观音像一，现已无迹。庚子间为外国人所毁，只遗莲座石桌等。

经过这次庚子八国联军的劫难，玉泉山已变成一座废园，珍宝文物被掠夺，只剩下几股涌泉和几座古塔还能让人记起那座巧夺天工的皇家园林。在光绪三十三年（1907）出版的由日本人编写的《北京志》（中译本《清末北京志资料》，张宗平、吕永和译）中，专列"玉泉山"条目，内容如下："玉泉山在瓮山之北，青龙桥西，自金章宗始建行宫。经元、明至清朝，经常以此为（帝王）游幸之地。清圣祖赐名静明园。现在虽稍荒废，但山水风光依然如旧。玉泉之名，因清泉出罅而得，其水清冽，被赏名为天下第一泉。水在山下汇集成一湖，最后流入万寿山之西湖。湖畔有龙王庙，由此循石径可入竹炉山房。其后有观音洞，山顶上有玉峰塔。庙堂廊阁虽多，但已多半荒废，而未修葺完缮，最令人惋惜。登山远眺，可望万寿山景色，眺望绝佳，不禁令人生疑，黄尘万丈之地，竟有如此灵地。"

第六章 民国年间的静明园遗址

宣统三年（1911）的辛亥革命，推翻了清朝政府的封建统治。末代皇帝溥仪于民国元年（1912）宣布退位，在袁世凯等人的庇护下，紫禁城后半部的所谓"内廷"，仍由逊位皇帝占用；而且根据《清室优待条件》，颐和园、圆明园、静宜园、静明园、紫竹院、钓鱼台等皇家园林，仍然归清室所有，成为溥仪的私有财产。北洋军阀政府把颐和园作为逊位皇帝的永久居住之地。民国十三年（1924）五月，溥仪派他的教师英国人庄士敦管理颐和园、静明园事务。民国十五年（1926）清室派贝勒润祺管理颐和园，并成立了清室办事处经理颐和园事务所，兼管静明园。

民国十三年（1924）十月，冯玉祥发动北京政变，十一月将逊帝溥仪驱逐出宫，筹备成立故宫博物院。民国十七年（1928），国民政府接管颐和园等皇家园林，将其移交给北平市政府；八月市政府成立管理颐和园事务所（以下简称颐和园所），统一管理颐和园和圆明园、静明园。这时，颐和园和静明园作为国家公园正式向公众开放。

玉泉山静明园虽由皇帝独享的皇家园囿，变成广大公众自由游览的公园，但其遗址面貌仍然是颓垣断壁，处处废墟，被英法联军和八国联军焚掠的残迹清晰可见。国民政府没有足够的经费进行适当的维修和妥善的保护，只靠售票收入和出租房屋余地来勉强维持，偶尔有些修缮工程，也挽救不了园林遗址继续毁坏的惨状。

民国十九年一次修建工程

民国十九年（1930）六月，颐和园所所长王廷燮，根据所内长期以来对静明园毁坏情况的了解，认为如果不对残破的房屋、亭台和围墙进行修缮，不仅公园的基本面貌难以维持，还会对游人的安全造成威胁。他以颐和园所的名义，向市政府呈上关于修缮静明园建筑及围墙的报告。呈文写道："窃查玉泉山各项建筑，原为点缀风景，润色湖山。惟因年久失修，前观尽改，房屋残破特甚，墙垣倾倒亦多，景象备极荒凉，湖山因之减色。职等原有保管之责，自应设法整理。若全部建筑同时兴修，所费既属不赀，存款亦不敷用。今拟择其较重要各地（原为较为整齐者），酌加修理，而免湮没。"

当时的静明园已经有三十多年没经过修缮了，连光绪年间重修的建筑也已经破损严重。公园大门内的含晖堂已很破旧，堂内尚存有宝座和一些木器家具；其两厢房和园门内外的房屋，当时作为稽查、售票检票和勤务人员的宿舍，还做传达室、售票处、厨房之用。房顶多处渗漏，威胁人员安全。游人常来参观的古华严寺三士殿损毁严重，但房顶和山墙还比较坚固；寺旁的大小房屋和游廊四十余间，有的墙壁塌倒，有的缺门少窗，但若加修理则是不错的游览地点。从山脚赴华严寺的山路，坑坎难行，也应修垫平坦，以利游人。玉泉湖西岸原

117

有一座四方亭，已经倒毁无存，但遗基清晰可辨，重新修复也不困难。静明园的围墙也有多处破损，有的是墙顶脱落，有的则是墙体坍塌，共八十余丈围墙需要重新垒砌和修补。以上这几项修缮工程，经详细估算，统共需工料费三千一百四十九元。如果获得市政府批准，颐和园所将公开进行招标，交由厂家承包修缮。

△ 远眺玉泉山华藏海塔

市政府批准了静明园修缮工程，要求颐和园所以最高标额二千四百八十元登报招标。最后，颐和园所与三义木厂签订了静明园修建工程合同，并于七月十七日上报市政府获得批准。

这次静明园修建工程于七月二十三日动工，八月二十二日竣工。玉泉山宫门内外附近房屋及山上古华严寺三士殿等处共计一百余间，修理齐整；其第一泉西岸之四方亭、裂帛湖西岸之六方亭各一座，也都重新修建；山路和围墙也修整完毕。

对修建完毕的建筑物进行油饰。将园内所有建筑共七十三间以及方亭、小桥、屏门等进行油饰。其中用红油油饰的有四十九间，包括宫门一间，含晖堂及南北配殿十一间，游廊四间，清音斋及西房五间，华严洞北正殿及配房七间，华严寺三士殿及配房、游廊十八间，龙神祠三间。其中用红土子油油饰的有二十一间，包括宫门外房屋及门罩十二间，宫门内配殿及房屋八间，华严洞小庙一间，还有小桥一座、木栅栏两扇。其中用绿油油饰的有三间，包括三士殿抱厦一间，水月洞抱厦一间，资生洞抱厦一间，还有四方亭、六方亭各一座，宫门内南北屏门二樘。

这是民国年间对玉泉山静明园进行的一次最大规模的修建工程。这使得静明园公园的面貌有了很大的改善，使游人得以比较安全地进行参观游览。但是，这座公园给人的整体印象仍然是被西方侵略者焚毁的皇家园林。

拆毁圆明园围墙修建玉泉山马路

静明园建成公园以后，又成立了旅游公司、汽水厂、疗养院，客运和货运以及公共交通不断发展，这都需要有一条质量较高的公路，而西直门到颐和园的现有道路满足不了实际需要。这条道路本是康熙乾隆年间修筑的石板御路，因年久失修石板磨损，坑洼不平，行车不便。民国十八年（1929）底，北平市政府决定，将从西直门起经海淀镇到玉泉山的公路，修建成一条四五米宽的石砟路。第一期工程先修筑海淀龙凤桥至玉泉山的马路。

修石砟路需要大量石砟。石砟从何处来？市政府决定拆毁圆明园围墙，将石块砸碎，铺设马路。在拆墙后围墙原址要栽立一排界石，以备辨识。

市工务局决定，为修建海淀至玉泉山马路工程，公开向社会招标，并公布了《海淀至玉泉山翻修石砟公路工程规范》十三条。其主要内容如下：

第一，公路分为三段，海淀龙凤桥至万寿山牌坊长度约三千六百三十米，再至青龙桥一千六百零一米，再至玉泉山西南角二千三百九十九米。路面均宽四至五米。

第二，路面原有石砟完全掘起过筛轧平，随铺新旧石砟虚厚十五厘米，用汽碾轧实为十厘米。泼洒清水后，随用一厘米以下小石砟，汽碾轧平，再洒水铺石末细土轧平。

第三，玉泉山东墙外之石桥，桥顶高于路面，应将桥之两端用石砟填高轧实，使坡度平缓。

第四，所有添铺石砟新料，均拆用圆明园南墙之虎皮石。

第五，修路工价按长度每十米开估，每做完一段，按验收长度付款。

第六，应拆圆明园南面虎皮石围墙约长四千八百米。应按每十米长开估工价……按照上述条件，市工务局登报招标。

海淀至玉泉山修建马路工程于民国十九年（1930）七月动工，拆卸圆明园南部围墙的工作即开始了。总共拆卸围墙三千九百六十二点四米。圆明园南部围墙彻底拆光了。

修筑玉泉山石砟马路的工程，原定从海淀龙凤桥开始，往北再往西，经万寿山牌楼往北绕过颐和园、青龙桥到达玉泉山。但是永大石厂经过实地勘察后，认为玉泉山马路两旁没有便道通大车，恐怕由圆明园起运石砟的马车轧坏青龙桥一带新修的石砟马路，于是便改变了修筑马路的起始点和先后次序，也改变了原订合同中规定的三段起止点。改由玉泉山东南角起修，到青龙桥为第一段，再到万寿山牌楼为第二段，余为第三段。截至十二月八日，已修筑第一段一千六百零一米和第二段二千米。

民国二十年（1931）一月六日，永大石厂完成了全部筑路工程。

修建玉泉山马路的第二期工程，是翻修西直门外高梁桥至海淀的石砟公路。还是用拆卸圆明园围墙的虎皮石！

圆明园被英法联军焚毁后，继续遭到了劫难。

疏浚玉泉泉源，增大入城水量

民国初年，北京城的河湖水利长期未曾治理，以致护城河和三海等处干旱缺水。进入京城的主要河道——长河，堤岸失修，水道淤塞。民国十八年（1929），北平市政府认为，"玉泉山各泉，为市城郊各河水源，关系重要。近以各泉口多有泥土破石淤积，泄水量日渐减少，亟应疏浚挖掘以畅水流，并开掘新泉以增水量"，遂指示市工务局拟订了《玉泉源流之状况及整理大纲计划书》，并召集颐和园

▲ 玉泉山下的水道

所所长和河道管理处处长会同办理。

四月下旬，由参事蒋铁珍、工务局技正林是镇、工务股股长曹安礼三人，邀同市府谘议赵瀛洲，前来玉泉山调查开浚泉流工程。他们会同颐和园所熟悉情况的人员，分赴各泉源地方勘验。他们看到，玉泉山东西南三面凡属岩石结成之下，均有泉水流出。在山之东面属于大门左侧者，最北为宝珠泉，次为涌玉泉，再次为十亩泉和坚固林泉。属于大门右侧者，北为裂帛泉，南为天下第一泉。山之西南面为进珠泉。这七眼泉源都已列入工务局整理玉泉源流计划书内。此次调查还发现了四处新泉：一处在山南水城关石桥迤北有巨穴一眼，附近地底水泡涌上甚多；一处在十亩泉之南陆地上发现水洼，当即由工人开掘一尺余，泉水向上翻花涌出；此外山之西面涵漪斋山窝及坚固林迤北山脚下均形似有泉，因工程较大，没来得及深挖。以上十一处，凡属旧有泉源，其泉眼附近蓄水池内，多被砖石、泥土、杂草淤塞。这说明，外间所传近年出泉水量较前逐渐减少之说，这便是主要原因。另外，玉泉山泉水流出的水闸共有七处，现在必须修理者为山东五孔闸及水城关石桥南涵洞两处。

根据以上调查结果，制订了一个详细的《施工计划》。如果计划全部完成，将旧有之泉全部疏浚，新觅之泉依次开挖，预计泉水总量能够增加数倍，西苑三海和护城河的缺水状况可以得到缓解。《施工计划》在五月三日得到市政府正式批准后，便投入实施。在疏浚旧泉挖掘水池的诸项工程中，坚固林水泉开凿泉孔，挖掘成一座长五丈、宽三丈、深一尺的水池。裂帛湖水泉，挖掘水池时发现一座白色石塔，塔身被泥沙深埋，掘出塔顶三层，未继续深挖。在湖西岸还掘得石兽头一个。西南部的进珠泉，挖掘整理了泉口石岸。宝珠泉和涌玉泉，泉眼处的泥沙砖石得到认真清理。在试掘新泉的工程中，水城关石桥迤北水泉，顺山脚形势挖掘一条长沟，往东直通南闸，使泉水宜于宣泄，借以增加泉口泄水量，并挖掘山脚泥土，山口柳树予以刨除。十亩泉迤南新掘水泉，地下泉水甚多，顺山脚形势开掘一座长一丈的长方形水池。导引泉水流入十亩泉。在十亩泉掘成一座长六丈、宽一丈、深四尺的水池。坚固林迤北山脚下和涵漪斋山窝也挖出了新泉，泉水旺盛。《施工计划》的另一项工程是"整理闸口"。东园墙的五孔闸，闸口淤塞，将泥土挖掘清理。挖掘部分长达六丈、宽一丈、深三尺。南园墙水城关以南涵洞，将洞口加添石柱，修砌洞上石墙，使出关泉水流畅。以上这是开浚玉泉泉流的第一期工程，于七月初全部施工完竣。

开浚玉泉泉流的第二期工程的主要项目是：挖掘十亩泉、天下第一泉、水城关东西及宝珠、涌玉泉东西水池。全部除去苇草，挖掘泥沙砖石，使全园东西南三面成一广阔澄清之蓄水池。整理池畔以防泥沙冲入。改造铁制闸门，随时启闭，用以调节水量，复可借开闸以冲刷池内泥沙，免致淤塞泉口，减少泄水量。这是一个很不错的施工计划。可惜因为需要经费较多，无法筹集到手，此项工程即被永久地搁置下来了。

玉峰塔的修缮工程

玉泉山玉峰塔不仅是静明园的标志性建筑，还是"三山五园"中最有特色的著名景观，是清漪、圆明、畅春三园的借景。它虽遭西方侵略者两次焚毁劫掠，盗走铜佛、砸毁砖瓦和联语，仍然屹立在山顶。但是到民国年间，已有一百七八十年历史的玉峰塔，塔身内外已经颓败不堪了。

民国二十一年（1932）初，颐和园所第六段（静明园）稽查员邢玉山发现，古旧残破的玉峰塔不时有碎砖烂瓦掉落，便向颐和园所所长紧急报告："园内古塔历经数百年之久，塔身各级本系残破剥落。近被迭次风雪以后，时有残瓦碎砖往下跌坠。如不及早雇工修理，殊觉危险可虑。"所长便派吴股长同周工务员前往静明园详细勘查。勘查人员一致认为，必须立即进行维修加固，以防不测，便向市政府呈文要求拨款修塔。市政府批示："呈悉。查所请修理玉峰塔，事关保存古迹，自应赶速办理。惟全部修葺需款过巨，殊非现实财力所能举办。应先就倾圮特甚之处，加以修补，以维现状。仰候令行本府购办委员将应行先修之处及工料价款概数，分别具报候核。"有了这个批示，总算解了燃眉之急，避免了玉峰塔倾圮倒毁。但这座古塔仍存在倾倒的危险。五年以后的民国二十六年（1937）五月，颐和园所又对塔院山门步廊及香岩寺的部分建筑进行了修缮，使古塔得到了保护。

华滋馆的损坏与保护

民国十六年（1927）四月，卢梦颜向清室办事处经理颐和园事务所租用静明园内的甄心斋和开锦斋地基，暨玉泉山泉水，开设玉泉山汽水啤酒股份有限公司（以下简称玉泉山汽水公司）。当时订有合同载明，允许该公司在租地内建筑汽水厂，年租金六百元，租期定为二十五年。但是卢经理当时急于开工制作汽水，而厂房必须两三年内才能建成使用，他便请求颐和园所无偿借用华滋馆房屋，在此安装机器生产汽水。颐和园所当时准如所请，并定期六年，由卢经理出具借约，以资遵守。

卢氏无偿占用了华滋馆的十八间殿堂和房屋，包括华滋馆、翠云堂以及殿西房屋，迅速安装机器，投入生产，靠玉泉山之名用汽水盈利。同时，他为生产和生活方便，违反合同规定，不经批准私自招工在园内施工，拆卸华滋馆游廊后檐檐板，修理并用白灰粉饰围墙，擅自拆掉门窗隔扇，改造殿堂内部设置；在殿壁上与乾隆御题诗词匾联并排制作悬挂汽水公司创办人题的匾联，而且还狂妄无理地要挟：即使他将来迁离华滋馆，他新制的今人联语也不准毁弃，应与乾隆御笔题刻同时保存，"与玉泉同其不朽"。更令人难以容忍的是，翠云堂后两株金植古栝中的一株，竟然被制作汽水的污水浸蚀而致枯死了。

卢某还违反约定，举家迁居至乾隆行宫华滋馆。经颐和园第六段稽查员调查核实，卢某携妻子儿女共六人长年住在华滋馆，还把他的连襟陆氏夫妇和一名女仆招来，与卢家同住馆内。昔日乾隆营造的专供皇帝休憩饮宴的楠木殿，变成了卢某一家吃喝拉撒的私人山水别墅。

卢经理占据了静明园的华滋馆、翠云堂、甄心斋和开锦斋共几十间房屋和大片地基，却抵赖连续三年不交租金，共拖欠一千八百元。尽享皇家园林遗址的优越条件，敞开使用天下第一泉的泉水，生产名牌汽水赚取利润，却不尽约定的义务。这种缺乏社会公共道德的行为，必然为社会公众所不容。

民国二十二年（1933）四月，卢某租借华滋馆的六年借约期满。颐和园所准备收回华滋馆，重新订立租价，市政府议定为年租金九百元，以冀出租，并根据原借约规定，通知卢梦颜，玉泉山汽水公司有优先承租之权。卢某延至七月底才向颐和园所承请退地租房，即退掉原租借的甄心斋和开锦斋地基，转而租借华滋馆。但租金一项仅愿出年租金六百元，即与租借甄心、开锦二斋地基的租金相等。卢某遭到颐和园所拒绝后，又径呈市政府请予核减。市长批准减为七百五十元，并指令颐和园所遵照办理。但是卢某接到减低租金的批示后，是否同意，却无丝毫表示。

此时，正在忙于中国营造学社的建筑学家朱启钤先生，闻听此事后，认为卢经理的行为是对珍贵皇家园林遗址的继续破坏，市政府当局应当将华滋馆收回，加以修缮整理，恢复原貌，向社会公众开放。

他便于这年十月郑重地向市政府发出函件，全文如下：

> 玉泉山华滋馆，占全园之胜概，久为商人卢姓所租用。现闻赁屋之约已届满，应请饬令保管事务所取消租约，勒限收回，醵资完善，俾复旧观。

市政府采纳了朱启钤的建议，于民国二十二年（1933）十月十八日向颐和园所转发了朱启钤函件，并发出《训令》：为保护胜迹起见，应即由该所将华滋馆原借约取消，将房屋收回，毋庸再立新约。并由该所拟具修理及管理办法呈核。

卢经理四处活动，狡辩控告，加罪诬陷，企图继续占用华滋馆或翠云堂，都遭到失败。

卢经理坚持的基本理由和要求是：第一，北平市政府指令收回华滋馆是"无端违约"。第二，朱启钤借保护名胜古迹之名，达到占据华滋馆和筹措经费的目的。第三，承租的甄心斋等处地基早已交回，并未欠租。第四，华滋馆即使缴回，仍要继续租借翠云堂。此堂"独立于华滋馆，系普通材料建造，屋仅数椽，平淡无奇，何云胜构？"如若收回，"不啻强制敝公司以歇业"。

卢某对朱启钤主张保护和维修华滋馆的函件恨之入骨，公开造谣污蔑，并要求朱先生赔偿损失大洋五千元。他以公司董事会的名义写道："朱启钤既仗义执言，醵金修缮名胜，应予修缮后仍由政府保管，于夏令时间公开展览，俾游人作为驻足之所。不得封闭该馆，任其荒芜，朱启钤也不得假借别种名义据为私有。以后如发现霸占公产以便私图，借修缮名胜为名，而勒令他人搬家行为揆诸法律，不啻破坏他人已得之权利。应由朱启钤补给本公司历年支出修缮添置费及此次迁移损失等费大洋五千元。"当卢某接到勒令他交还华滋馆的市政府《训令》后，气急败坏，以苛刻的语言对朱先生进行恶毒的攻击诬陷。他写道："朱启钤等所欲得者，系华滋馆之主要部分刊有乾隆字刻之楠木殿。今敝公司已自愿退让，将办公处所之楠木殿退出，以便朱君等阔人作避暑山庄，携姬人悠游逸乐于其间。一可畅览湖山，大吹特吹其维护胜概之美名，二可研究古代建设借修理房屋为词，向庚款委员会醵资募款而获实利。总算牺牲公司之权利而予遗老以尊荣，用心不可谓不苦矣。敝公司为应受国家保护之法团，朱氏之建筑学社亦不过私人之组合。公司为息事宁人计尚肯如此自动退让，今让之不已，连翠云堂亦令迁出，是不啻朱启钤等之贪心未已，有意摧残生产，谋害公司，而市政府一再置功令威信于不顾，食言而肥，以徇有势力者之请求，以压迫弱小之生产建设。事之不公，莫逾于此。敝公司不得不郑重声明，不独翠云堂无法再行退让，则华滋馆楠木殿如朱氏等巧立名目实行住居，敝公司自当根据借约依法控告朱氏。因敝公司前次之让出，纯为开放公众游览，俾游人作为驻足之所，为公益而已。"

卢经理不甘心退出华滋馆和翠云堂，又上书市政府遭到拒绝。后又诉愿于内政部，也以该公司无理而驳回。卢某又诉愿于行政院，该院以院长汪兆铭的名义，称此案属诉讼性质，应向司法机关起诉，又遭驳回。卢某又到北平地方法院起诉，经法院判决败诉，并准市政府以该公司欠租金两年一千二百元屡索不缴，法院将该公司制作汽水之机器予以假扣押。卢某再次上诉于内政部。时任部长的黄绍竑先生，针对"诉愿人（玉泉山汽水公司，代理人卢梦颜）因不服北平市政府收回玉泉山华滋馆之处分一案"，发布了长篇的《内政部决定书》，对卢经理所列"理由和要求"一一进行解答和驳斥。《内政部决定书》写道："华滋馆之新租约既未成立，则北平市政府收回保管，乃职责内应有之事，根本无废约之可言。诉愿人诉称北平市政府'无端违约'一节显无理由。况玉泉山为前清静明园故址，泉源喷涌，水木清华，为故都西郊胜景，而华滋馆房屋皆为楠木所造，其地又占全园之胜概。如此名胜，依照《名胜古迹古物保护条例》，自应妥为保护。往者经理颐和园事务所未加考量，轻以借予他开设工厂，举措已属失宜。而诉愿人于借用后，不但不加以爱护，甚至违背借约拆毁门窗。朱启钤致北平市政府函及北平市政府视察员之报告，均载明其事，摧残胜迹，莫此为甚。兹际旧借约已满期，新租约尚未订立之时，北平市政府收回保管，乃职责上应有之行为。虽然此次收回保管之议，系根据朱启钤等之建议，北平市政府疏忽职守之处诚属有之。但于收回保管命令之本身，固无可訾议也。""再查翠云堂系华滋馆之一部，华滋馆既经收回保管，翠云堂自难单独出租。北平市政府不准诉愿人承租翠云堂一节，亦属正当。"

　　卢经理先后五次上书、诉愿、控告，五次被驳回、败诉，缠绵辗转，拖延时日。到民国二十六年（1937）三月，玉泉山汽水公司才正式迁出静明园。市政府为尽快结束此案，收回华滋馆和翠云堂，做出很大让步：一是免去追索玉泉山汽水公司所欠房租一千二百元；二是函请北平地方法院解除对该公司制作汽水机器之假扣押，限于一个月内将机器搬出静明园。如逾期不能遵办，则由警察局径将机器迁存他处，实行收回房屋而保护古迹。

民国二十六年（1937）三月十三日，玉泉山汽水公司从华滋馆和翠云堂迁走。

保护华滋馆的事件结束了。但是华滋馆并未按照黄绍竑先生所讲的那样，经过维修向公众开放。华滋馆以后还是继续出租，赚取有限的资金，让园林古迹继续损毁下去。

修复坍塌的围墙

民国三十五年（1946）九月，静明、颐和两园的围墙有多处坍塌，分别为七十余段和五十余段，共长近千米。颐和园所向市政府写出呈文，请求进行修复。呈文写道：由于围墙多处塌倒，"宵小窃盗到处可入园内。各宫殿陈列史迹文物保管责任非轻。所有坍塌围墙恳祈钧府俯准迅令工务局从速招工修复，以资防范，而重保管"。市政府批准后，工务局安排文物工程整理处分别进行招标，修建两园倒塌围墙。颐和园围墙损毁五十九段，共长四百五十六米。

玉泉山静明园围墙倒塌七十二段，共长五百一十米，在《玉泉山围墙修缮工程做法说明书》中，对修缮标准和施工细则有严格的要求：围墙是虎皮石及碎砖墙身，鹰不落青灰顶，大开条砖檐；涵虚洞和女儿墙照原样修补；大门外一段山墙为碎砖块墙，墙皮要补砌抹灰；等等。工程于当年完工。

梁思成等人保护园林景观和文物

在民国三十六年（1947）和三十七年（1948）间，北平市公立玉泉山疗养院（以下简称玉疗）开业，占用了原翠云嘉荫一景的殿堂、房屋和庭院。为修建病房和办公、集会地点，曾报请一个规模较大的建设施工计划，得到市政府的批准。但在施工过程中，颐和园所、北平文物整理委员会的专家及工作人员，还是尽力对园林景观、建筑和文物予以保护和妥善保管。

拒绝砍倒土山上的两株榆树

在华滋馆西侧原御膳房土山上，有两株老榆树。玉疗陈兆龙院长认为：土山的土壤松软，每遇大风，两株榆树即剧烈摇晃，极易滋生危险。他想将榆树作价鸠工锯伐，以保证安全。颐和园所派员仔细观察，认为是玉疗在树根下掘筑水沟影响了榆树安全，但无大妨碍。为保持园内原有风景，不应将两株大榆树伐除。可以酌量截伐树枝，以

减轻头重，避免被风吹倒，但要以无伤于树又不煞风景为度。

玉泉湖船坞的施工修缮与补救措施

玉泉湖东北隅有乾隆年间修建的一座船坞，在民国年间并未倒塌。玉疗陈院长想将这座院外建筑修缮油饰后作为礼堂使用，便致函颐和园所。所长函复："船坞系本所自行保管建筑，该院毋庸过问。"陈兆龙心有不甘，又向市政府呈文，称："静明园华滋馆侧之船坞，久已失修。前于本院修华滋馆时曾将该船坞屋顶补修。兹拟再酌加改建，辟作本院礼堂，除供防痨协会邀请医界名流讲演外，并拟在该处为当地民众集体免费检查身体及注射各种疫苗，以实践服务社会本旨。为此拟请准予将该船坞拨给本院利用。"

市政府将此件转给行政院北平文物整理委员会工程处，工程处虽然同意了玉疗的要求，但也为保护这座被破坏的古建筑提出了一些补救的办法。工程处在民国三十七年（1948）四月十五日的批示中写道："当经派员勘明并报经文物整理委员会核定，可以准如所请。惟务须责成该院委托所聘建筑师限于施工以前速将船坞现状详细实测摄影，核送本处存案，以备将来如有必需可做恢复原状之根据。除将原送图说存案外，相应承请查照办理。"颐和园所只好接受这个既成事实，将船坞借给玉疗使用，并听由他们去改建、修缮和油饰了。

梁思成反对在华滋馆旁修建病房

陈兆龙院长为了更多地收容患者，计划在翠云堂东侧已建成的事务室以东，在玉泉山南山根，顺玉疗的北院墙，新建十二间病房。他请技术人员绘制成一幅工程设计图说，连同建房计划一同呈报给颐和园所。所长认为此项工程涉及园内整体景观，不能主观决定，便于五月八日呈文给行政院北平文物整理委员会工程处，写道："该院拟行添建疗养室十二间一节，事关风景区添建工程，适合与否，本所未便擅作主张，相应检同原图一份，函请查明派员履勘，可否准如所请，希赐复。"

北平文物整理委员会除实地勘察外，特请梁思成委员审核。梁先生坚决反对在华滋馆旁修建与古建筑风格迥异的整排建筑物，那是对皇家园林风景的破坏。根据梁先生的观点，北平文物整理委员会工程处何处长复函颐和园所："玉泉山疗养院函称拟于该院事务室迤东添建疗养室十二间一案，事关风景区添建工程，检同原图，转请核复等因。准此当经派员履勘，并将原图送请本会梁委员思成审核结果认为，原设计对于古典建筑环境及附近风景不甚配合，宜于修改。相应函表查照转知该院照办为荷。"措辞比较缓和，但态度十分坚决。梁思成先生高瞻远瞩，保护古典园林景观的明确立场令人钦佩。他的公开表态避免了一次对静明园的损坏。

对华滋馆文物认真维护和妥善保管

玉疗对翠云嘉荫一景的几座建筑进行改建和装修，必然对这座静明园最重要的建筑群遗存造成破坏。在施工过程中，拆卸门窗，改用踏板，各座殿堂已是面目全非。玉疗请求"将静明园华滋馆因改修拆下一部分废木料拨给本院，仍作修缮华滋馆房舍之用"，这哪里是"废木料"，全是些珍贵的乾隆行宫内檐装修的原件，把它们砍削后另作他用就是毁坏文物。颐和园所理所当然地拒绝了玉疗的要求，回答说："华滋馆废料，事关古迹，拆下后应予保存，不便拨归留用。"静明园稽查员屈杰与谢副所长等一起，对华滋馆殿堂房屋原有损坏和玉疗拆卸及拆替补用损坏数目，一一进行调查核实登记，收回保管，并填写了"玉泉山修改房屋收回木器数目号码表"和"玉泉山修改房屋拆替门窗墙板等物由一月份至四月份收管表"。

这次调查，对华滋馆内墙壁上乾隆御笔联语、横批等进行核实记录："经查华滋馆为该园正殿之冠，原系楠木包镶，俗称楠木殿，墙壁上有乾隆木刻诗联，计对联三副、横批四幅、立条九幅，均大小不等，原样未动。殿内隔断已非旧观。"在静明园稽查员屈杰的"玉泉山疗养院修改房屋拆替补用收回破坏等数目表"中，记录了当时的真实情况：

在楠木殿，原有楠木窗户二十二件，全部收回；原有隔扇八件，收回六件；原有杉木隔扇十九件，全被破坏改用；楠木包镶薄板三十六件，收回二十六件，拆替补用十件；原有风门两件，收回一件。

在南房，原有松木窗户三十二件，全部收回；原有松木风门两件，收回一件，拆替补用一件。

在北房，原有松木窗户二十二件，全被拆替补用；松木风门两件，收回一件，拆替补用一件。

在南北房，原有踏板八件，拆替补用四件。

在西院厨房，松木窗户二十四件，收回十六件，拆替补用三件，破坏改用五件。

　　玉泉山疗养院新建改建的规模很大，都是经过市政府批准的，对静明园景观和古建筑造成了很大的破坏。

静明园遗址内的新建项目

　　静明园内的房屋，早在民国二年（1913）就由清室办事处做主，将部分房屋出租给玉泉山汽水啤酒公司。后来，为增加收入，制定了出租房屋的规定和出租房基余地的暂行办法。

　　颐和园所在民国二十一年（1932）七月，向市工务局提出建议，希望能按照香山静宜园的办法，向社会出租静明园内的房基余地。在申请函件中写道："本所所辖玉泉山静明园地方风景为平西之冠，历来中外人士无不乐于游赏。只以该园房屋寥寥无几，并缘本所匮乏修缮经费，以致各名胜多告失修。不但发达无从，且以维持艰难。"他们想开放出租土地建房，以获取收益，补助经费之不足。经过局所共同派员实地勘察，静明园内共有十五处地块可以分成等级出租。

　　民国二十二年（1933）十一月十一日，由颐和园所拟定的《管理静明园玉泉山租地暂行办法》八条和《租地建筑章程》十条，报请市工务局修改并获批准。文件中规定：凡团体或个人拟于静明园内租地建筑，均应遵守该规定；地租视建筑地点的优劣分为三个等级，每年每亩地租分别为四百元、三百元、二百元，地租必须在每年一月缴清；房屋建筑图样要经过审定方可动工；建筑物不能自行拆毁，满二十五年即归颐和园所有。

上述办法和章程，允许社会团体和个人在静明园内修建各类建筑物，虽然为公园增加了些许经费，但从保护古建文物的角度来看，是一个将破坏皇家园林遗址合法化的错误决定——由官方主导继续毁坏这座"三山五园"中不可或缺的山水园林。

在民国年间，无偿占用和出资租借静明园房屋，租借园地新建房屋，租用园内土地种田的团体和个人，数不胜数。

朱东海开办玉泉山汽水啤酒公司

朱东海是山东福山人，他在民国二年（1913）与清室办事处签订合同，租借静明园内房屋土地，开办玉泉山汽水啤酒公司。他租用了高水湖苇塘地基五顷和稻田二顷，为防止别人在玉泉山另建汽水厂，除使用天下第一泉的泉水外，还租下玉泉山至青龙桥的玉河水。没有资金来源，他以非常苛刻的条件，向美国商人付雷萨贷款。

民国三年（1914），朱东海在玉泉山华滋馆的汽水厂开始正式生产。销路还不错，受到顾客的欢迎。

时至民国十五年（1926）五月三日，朱东海与付雷萨签订借款合同整整十年期形成巨额欠款，被付雷萨状告，法院判决将玉泉山汽水啤酒公司制作汽水的机器公开拍卖。卢梦颜从法院拍卖现场购得此项机器。

在朱氏公司原址，卢梦颜开办了玉泉山汽水公司。直至民国二十六年（1937）三月被迫迁出翠云堂，卢梦颜这家玉泉山汽水公司也最终关闭歇业了。在此前后，椿记、瀛记、洪记、玉芳等多家汽水厂陆续兴办、倒闭。

北平公立玉泉山疗养院

民国三十四年（1945）春，北京大学医学院讲师、国立内分泌学研究所研究员陈兆龙，作为发起人（后为院长），开始组织建设玉疗。他在《北平玉泉山疗养院组织草案》的《缘起说明》中写道："爰勘得玉泉山山峰群拱环抱天下第一泉，不仅气候适宜养病，而风景又复宜人，患者得此山明水秀之地养病，精神愉快，复更受日浴水疗及种种科学疗法，自益立起沉疴，体力日趋向上也。复以玉泉山内房屋甚多，年久失修，参半有倾圮之势。今假借其地而创办疗养院，依照五年事业计划逐渐推进，分别修缮。利用此种房屋，以扩充疗养院设备，而修理上不改建筑外观。虽云为疗养院而建设，亦可谓保存古文物之至意也夫。"

玉疗组织了董事会，确定院名为"北平市公立玉泉山疗养院"。在征得市卫生局、社会局同意后，北平市市长何思源做出批示："呈件均悉，经核尚属可行。……应准备案。"

玉疗设在静明园十六景之一的"翠云嘉荫"景区。北到山根，西到玉泉湖岸边，东到原甄心斋东侧，南到小桥以北。按照由市政府批准的建设计划，先后动工修建。庭院四周建起二点五米高的围墙，在东院墙修建了正门和三间门房，南墙开一座南便门。头排房东端加盖病室三间和澡堂；二排房楠木殿进行内部装修，东西各建耳房两间；三排房翠云堂建成病房，东西端各建耳房一间。西排房八间进行修缮，并在南端建存煤处一间。各室安装了电灯照明和循环水暖设备。此外，又将院外位于玉泉湖东北隅的破旧船坞进行修缮，作为礼堂和为当地民众集体免费检查身体及注射各种疫苗之用。陈院长为纪念原董事长萧振瀛（字仙阁），将礼堂命名为"萧仙阁纪念堂"，获得市政府批准。

玉疗在民国三十六年（1947）十月二十九日举行开业典礼。出席典礼者有董事长谷钟秀和市政府秘书长、颐和园所所长等二百余人。第二天即开业收容病人。院内设有肺结核疗养科、水治疗科、日光浴场等，利用现代科学医疗技术，结合当地的环境优势，对病人进行治疗养护，受到患者的欢迎。

权记茶点社

在玉泉湖西岸，玉泉趵突以南不远，有一座玉泉亭。民国二十七年（1938）四月四日，亭处开办了一家"权记茶点社"，占据一块长方形地段，南北长四丈，东西宽二丈，颐和园所还将"挹清芬"北房两间供权记存放桌椅物品，不收房租。权记茶点社向公园游客专售茶点、冷食、糖果、汽水、洋酒等食品，不营他业。茶点社不向颐和园所缴纳固定的租金，而是采取商业经营提成的办法，即所有全月营业收入总数应由颐和园所提取地租二成。为了避免差错，茶点社当日营业收入数目应于晚间开具报单，送交颐和园所会计查核盖印，月终按流水账结算一次。提成款也按月清缴，不得拖欠。茶点社售卖各种食品价格，最高不得超过市价十分之五。合同期为两年，中途不得停止，期满另议。

权记茶点社的生意不错，很受公园游客的欢迎。到民国二十九年（1940）二月十八日，权记合同还未满期，便有人想接替在此处续办茶点社，并提出正式申请，还说："所有一切前社纳税规章，决恪守原例缴纳，并附设引导部备有详悉该园历史人员，以充引导旅客之用。"但是到四月四日，权记茶点社仍愿意继续经营，别人只好另谋生路去了。

碉堡建到静明园

民国三十五年（1946）九月六日，北平防空司令部向北平市发出一份文件，要求将其所属的情报所移址静明园。文件称："查近日时局紧张，本部情报所业已积极筹划各项配备。对于该所所址，为求空袭时能于继续工作起见，亟应选择郊外比较安全之地区。经各地勘查，以玉泉山静明园最为适宜。相应绘制略图，并划定需要范围，电请贵府查照。克日派员会同勘划拨用，俾利防空。仍冀见复为荷。"文件所附《玉泉山静明园略图》注明："红线以内为需用范围。"

这条红线几乎将所有的山地都圈划进需用范围，只有西部、南部山根的建筑及东门内未划进去。市政府在接到此文后，当天即批示："准此。除电复外，合行密令该所遵照派员会同勘划具报。"九月十六日，情报所中校所长与颐和园所所长到静明园划勘完竣。之后便积极进行准备工作。

十二月四日，情报所所长率领全所官兵二十二名及通信排中尉排长带领士兵十余名，共三十余人，由西直门外万牲园（今北京动物园）移防静明园，进驻"玉峰塔院及双旗杆地方"。二十二日，有城防修建委员会派遣赵姓工头带领三十余名工人，到园内修筑防御工事碉堡三座，三十多天完工。这支防空部队便在静明园驻扎下来。然而不到两年工夫，玉泉山静明园即被人民解放军占领了。

李荣等人租种静明园水地

静明园内有几十亩水旱田地，在清代末年即赏给园户耕种。民国初年，仍由各园户继续耕种。按地亩之优劣，决定每亩纳租之多寡，从未颁发过执照，但是不准私相转租。园内有苇地六十八亩，农民刘斌、刘鹏明二人为租户，每亩按二元五角交纳租金，全年共一百七十元。刘斌因病去世，刘鹏明伙同地痞孙三从中取利，以三百元倒租于周栋。周栋不知这是违例倒租，仍然用心管理水地，铲除杂草，培植芦苇。但到民国二十九年（1940）收割苇子时，却被静明园稽查员阻止，将该地收回，另行招租。

民国三十一年（1942）一月三十日，农民李荣找到静明园稽查员请求承租园内水地，并递上给颐和园所的函件："窃民拟承租贵所所管之玉泉山内华滋馆南野餐场南坡下水地七亩，又五孔闸内水地一段约六亩，及贵所前收回之地，一并栽植荷花、慈姑等物，均按期交租。于园中风景生色不少，且于贵所收入亦可增加，实属一举两得。如蒙批准，请批示遵行。"颐和园所将每亩租金由二元五角提高到三元五角。双方协商同意，将收回刘斌的六十八亩水地租给了李荣；而另二十亩水地由六郎庄的刘崑秀和挂甲屯的陈春有分别承租。承租期为五年，"如在期限之内，公家占用该地，有收回之必要，将承租之地亩交回，决不迟延"。

▲ 玉泉山下的北京鸭

第七章　民间传说

玉泉源头哪里来

古时候，玉泉山下有一个洼窑村，村边有一个大洼坑。洼窑村的穷人，就靠在大洼坑里打鱼摸虾维持生活。

这个大洼坑里有一块棕红色的大石头，像一块木头似的，总在水面上漂着。天旱时水落，它也跟着落；天涝时水涨，它也跟着涨，人们就叫它水漂石。但是，谁也捞不到这块水漂石，走到跟前时就又看不见它了。

有一年，从南方来了一位年过花甲的老头儿，白头发，白眉毛，白胡子，自称是"三白老人"。他经常在洼窑村的大洼坑边转悠，瞅着水漂石摇头、搓手。有人说，他是专门到北京西郊这块宝地来探宝的。有一天，他病倒在洼窑村的街口，口吐白沫，鼻孔流血，好像得了不治之症。村里有个赵玉泉老汉，打鱼回来，遇到了三白老人。见他病得不能动弹了，就把他背回自己家里，让他在炕上躺好，又熬了一碗香喷喷的粳米粥，让他喝了。

说来也真怪，不知道他是压根儿就没有病，还是这碗粥比药还灵，反正三白老人高兴地爬起来，又起身下炕了。他对赵玉泉老汉说："你真是个心善的人，你把我背回家来，还给我熬粥喝。我要好好谢谢你。我实话告诉你吧，我是从南海普陀山来北方探宝的，大洼坑里的水漂石就是我要找的宝物。水漂石里有一汪清水，那是天宫仙露凝结成的，能够医治百病，解救危难。要想得到它也不难，单等到老牛到你家房上吃草的时候，你就能把那块水漂石捞回来。"

赵玉泉老汉觉得很奇怪，就问："老牛怎么能到房上吃草呢？"三白老人反问他："你怎么知道，老牛就不能到房上吃草呢？"说完，双手合掌，告别了赵老汉，就回南方去了。

对这件事，赵玉泉老汉左盘算右思谋，怎么也想不清楚。他跟老伴说："这是不是神仙下界，给咱们家送宝来了？"

有一年夏天，连阴雨一气儿下了十几天。洼窑村沟满壕平，满街上跑鱼。赵玉泉老汉的两间破土房也给泡塌了。老两口没办法，只好在村北山根底下掏了一间窑洞，暂时安身。

等到雨过天晴，大水也撤了。赵老汉提起渔网，准备到大洼坑去打鱼。回头一看，从山坡上走下来一头老牛，在窑洞的顶上吃起青草来。赵玉泉猛地想起三白老人说的话，心想：这不就是老牛到我家房顶上吃草了吗？他收起渔网，给老伴打了个招呼，就到大洼坑去捞水漂石。

虽然经过了一场大水，那块水漂石还待在大洼坑里原地没动。赵老汉下水抱起水漂石就上了岸。这块红石头轻得像木头，软得像冬瓜，他回家用刀把它切开，正中心有一只玉碗，碗里盛着一汪清水，闻一闻喷鼻香，尝一尝甜津津，舀一勺涨一勺，总也喝不完。老两口高兴得不得了，就把水漂石和玉碗藏了起来。

邻居有个老奶奶病了，赵玉泉老汉让她喝一勺玉碗里的水，病就好了。当村的人知道了，就称它是"神水"。这玉碗里的神水，治好了许多病人。三里五屯谁家的人有了病，都到赵老汉家来讨神水喝。

这件神奇的事，一传十，十传百，就传到了县官耳朵里。县官要出高价收买这只玉碗，可是赵玉泉老汉说：就是搬来金山银山也不卖！县官发怒了，下令限三天之内交出玉碗！如若不交，就派兵抢宝，满门抄斩！

命令传到洼窑村，街坊四邻劝赵老汉不如交出玉碗，免得遭一场大祸。赵玉泉老汉铁了心，他说："不要说他一个小小的县官，就是玉皇大帝、太上老君的旨意，我也不从！脑袋掉了也不过碗大的疤！"

当天晚上，他把玉碗埋藏在山根底下，领着老伴到南海普陀山找三白老人去了。

到三天头上，县官带着一队人马，来洼窑村抄家抢碗。见赵老汉已经逃走，就把窑洞里的破烂家具攒到一块儿，点了一把火，又在村里贴了一张追捕的告示，溜回了县衙。

自从赵玉泉老汉逃到南方去以后，在山根埋玉碗的地方，就流出一股清泉来。这清泉细水长流，终年不断，清凉凉甜丝丝，非常好喝。更让人奇怪的是，这泉水穷人喝了又香又甜，富人喝了又苦又涩。洼窑村的人为了纪念赵玉泉老汉，就把这股泉水叫玉泉；这座小山，就叫玉泉山了。他们还编了一段顺口溜："玉泉山水苦又甜，喝水别忘赵玉泉。穷人喝了甜——不苦，富人喝了苦——不甜。"村里的人又请来石匠，把后边那两句词儿，刻在玉泉两边的山石上。

据说，后来清朝乾隆皇帝题写"天下第一泉"的御制碑时，把那两句诗从山石上凿下去了。不管怎样，京西的老百姓喝到甜丝丝的玉泉水时，都会想起那位好心的赵玉泉老汉。

玉泉水为什么是甜的

明成祖永乐皇帝把都城从南京迁到北京，他想把北京建设得规模宏大，雄伟壮观，就命令军师刘伯温监修北京城。

刘伯温饱学多才，上知天文，下知地理，对相面、测字、看风水，也样样精通。在修建北京城破土动工那一天，刘伯温带领参与施工的大小官员，还有从各府州县征调来的能工巧匠和民工，共有几千人，举行了盛大的拜神仪式。什么火神爷、土地爷、财神爷，全都拜到了。他想，有了列位神仙保佑，修建北京城就会诸事如意了。

破土动工了，可是全北京城的水井突然都干了！连一滴水也没有，还怎么修城呢？刘伯温得到全城没水的消息，脑子一转，他才想起来：拜神仪式上忘记了拜龙王爷！准是龙王爷一生气，把全城的井水装进鱼鳞水篓，用车推起来奔玉泉山去了。

想到这里，刘伯温马上把大将高亮找来，吩咐说："你快骑马去追赶龙王爷，他把北京城的水都推走了。你追到水车，千万别跟龙王爷、龙王奶奶说话。你用枪把鱼鳞水篓捅破，掉头就往回跑。半路上不管发生什么事情，你都不要回头看！这一点千万千万要记住！"高亮说："我牢牢地记住，不回头就是了。"

高亮跨上战马，手提金枪，出了西直门，一阵风似的向西方追去。过了双林寺，来到一个小村庄，高亮勒马向一位老年人施礼，问："您见到一个老头和一个老太太推着一辆水车走过去了吗？"老年人说："看见了！那老公母俩推车刚出村，奔西北去啦！你看，脚底下不是水车轧出的车道沟吗？"高亮低头一看，果然有两条很深的辙印。他谢过老年人，就顺着车道沟，奔西北去了。

高亮又追到一个小村庄，在三岔路口迷了路。他见老槐树底下一块大青石上坐着一位白胡子老头，就双手一拱，问道："请问老者，您看见一个老头和一个老太太推着水车过去了吗？"白胡子老头说："看见了！水车走到这个路口，那位老太太的裹脚布散开了，她还坐在大青石上裹脚来哩！那老公母俩推车奔西北去了。"高亮听完，一甩马鞭，那战马就撒起欢来，一溜烟奔玉泉山方向去了。

高亮又赶到一个村庄，街上满是泥水，路很不好走。他问走路的一位大汉，见没见一辆水车过去了？那位大汉说："见到了！那辆水车走到水汪里误住了（指车轮陷在泥里，不能前进），还是我帮他们推出来的哩！这会儿，那老公母俩出村也不过二三里地远。"高亮一甩马鞭，又往前追去。

高亮又追到一个村子，也有人说水车在街里误住过。高亮直追到玉泉山下的一个大村庄，村口有一辆水车又让泥水误住了！那龙王爷和龙王奶奶正站在水汪里使劲推车。高亮催马上前，举起金枪就刺，把左边那个鱼鳞水篓捅了一个大窟窿，那清水哗哗地流了出来。

高亮掉转马头，拖着金枪，顺着原路往西直门跑。他不停地挥动马鞭，就嫌战马跑得太慢。他听到，身后边有哗哗流水的声音；离城越近，水声越大，好像大水就要把他吞了似的。但是他想起刘伯温的话，说什么也不回头看，只顾勒紧马缰绳往城里奔。

高亮骑马跑到城下的一座石桥上，已经看到，刘伯温正站在西直门那地方向他招手呢。他以为，现在已经大功告成，可以放心了，就回头一看。这时候，一个浪头扑过来，把高亮和他的战马都卷进漩涡里，不知道冲到什么地方去了。

高亮虽然死了，但是北京城的枯井里，又都涨出了水。刘伯温也抓紧时机，抢黑夜赶白天，调动能工巧匠们修好了北京城。不过，北京城里的井水都是苦的！因为高亮用枪扎龙王爷的水车时，没有来得及捅破水车右边那个鱼鳞水篓，被龙王爷、龙王奶奶推到玉泉山，倒在玉泉里了。从此，那玉泉水就变成甜水了！

北京的老百姓，世世代代都忘不了高亮。为了纪念他，就把西直门外那座石桥，叫高亮桥。高亮赶水时，龙王爷的水车轧了两条车道沟的那个村子，就叫车道沟；龙王奶奶坐在大青石上缠脚的那个村子，就叫缠脚湾；玉泉山下龙王爷的水车被"误"住的那三个村庄，就叫南坞、中坞和北坞。高亮骑马回城的时候，拖着金枪在地上划出了一道深沟，沟里盛满了玉泉水，这条水沟就是金河，也叫高亮河。

直到如今，这些桥名、村名、河名，都还沿用着没有改变——老百姓还在怀念着为人民造福的高亮呢。

"天下第一泉"的来历

玉泉山上的玉峰塔，是一座非常美丽的塔。如今很少有人知道，玉峰塔下的玉泉水池里，还有一座半截塔呢！它的半截塔身钻出池底，淹在水里，雪白的塔尖露出水面，好像一只巨大的石笋从池底冒出来，还没露出全身就不长了。老百姓管这座怪塔叫镇海塔，又叫响闸塔。

老年人说，这座响闸塔是"镇河眼石"。可不能小看这半截小白塔！要是塔尖挂上了闸草，玉泉就会暴涨，大水流出去能够淹了北京城！但是，响闸塔的塔尖上，从来也没有挂过闸草，总是水涨塔就涨，水落塔也落。原来，塔底下压着一条黑龙，水一大，黑龙就驮着塔往上长，怕塔尖挂上闸草；水一落，黑龙就驮着塔往下落，怕露出了塔的原形。就因为这条黑龙的保护，北京城才没被大水淹过。

有一年，乾隆皇帝来西郊观赏玉泉，看见了这座水中怪塔，听说了黑龙的故事。他想刨根问底，就传下御旨，把长河沿线的几十名闸工召集起来，限七天之内，把响闸塔挖出根基来，看一看到底有没有黑龙。

挖塔的工程马上就动工了。闸工们放干了池水，清理了淤泥，一锹一镐地挖起来。挖呀挖呀，挖到第五层时，有个闸工在白塔的石壁上发现了几个字，刻写得端端正正，是"你不伤我，我不伤你"。工人们都放下铁锹，不敢再挖了，怕惹恼了黑龙，遭到不好的报应。

乾隆听说有这八个字以后，心想：我是真龙天子，任凭是什么妖魔鬼怪，谁敢伤我？就传下命令：不要管他，继续挖!

闸工们又抢镐舞锹往下挖，挖呀挖呀，挖到第七层，眼看就要挖到塔座了，在白塔的石壁上又发现了两行刻字，写的是"玉泉山下一泉眼，塔露原身天下反"。因为这两句话事关重大，就又奏禀给皇上。乾隆闻听以后，大吃一惊，亲自到玉泉山来察看。他看这七级石塔，原来是一整块石头凿成的，塔形、高矮、粗细，都跟玉峰塔差不多。塔身石壁上的两处刻字，使他很伤脑筋。他想：第五层的字是一次警告，这第七层的字是要给惩罚了。要是再继续挖塔，我的江山恐怕就难保了。

因为乾隆很讲迷信，就传旨停止挖塔，要把挖出的泥土沙石原封不动地填回去，又亲笔题了"天下第一泉"五个大字，刻碑立在玉泉的左边。他又请来和尚诵经三天，烧香还愿，祈求黑龙王赐福人间，保佑大清江山永世流传。

从那次以后，人们就说玉泉的水是圣水，能医治百病，从此，来烧香还愿、磕头送匾、讨求圣水的人们，也就一直没有断过。

"远水解不了近渴"

乾隆是个喜欢吃喝玩乐的皇帝。每天早晨起来，头不梳，脸不洗，头一件事，就是先喝一杯用当天运进皇宫的玉泉水烹的西湖龙井茶。

单说这喝早茶，有一次就出了岔子。那天早晨，太监送上一杯清茶。乾隆皇帝端在手上，一股香气扑鼻而来，茶液淡绿透明，芽叶亭亭玉立。他满心欢喜，品尝了一口，觉得不对味，眉头一皱，噗的一声吐在地上。他满脸怒气地问秉茶太监："这茶是玉泉山水烹的吗？"太监吓了一跳，急忙赔着笑脸，说："真，真的是玉泉山的水，奴才不敢掺假。"

皇上越发生气了，训斥说："玉泉山的水，色清，味甜，没一点水沫。这碗水用的是河水！"太监又说："奴才用的确实是简老头送来的水。"皇上吩咐：快传简老头进宫，弄清真相！

这简老头，原来是玉泉山下北坞村的人，每天赶一辆水车进城，把玉泉水运到皇宫，供给御膳房用水。那一天，他看错了时辰，起身过早了，赶车到西直门，还没到开城门的时间，他就把水车停住，走进一家酒馆喝酒去了。

正当他慢悠悠喝酒的时候，忽然听见大街上有人喊："骡子惊了！骡子惊了！"他冲出酒馆，水车已经跑出去几丈远啦！等他拦住了惊骡，往水箱里一看，不由得吓出一身冷汗！原来，玉泉水已经洒出去多半箱。这可怎么办呀？要是再返回玉泉山去灌水，耽误了皇上喝早茶，就是犯了欺君之罪，性命也难保了。逃跑吧，哪里跑得出乾隆的皇家大院？一急之下，他想出了一个以假代真的办法来：何不到高梁河灌一车河水呢？那水也是玉泉山流过来的呀！他把水车赶到河边，灌满了水箱，进了西直门，把水送到皇宫，就返回来往家走。

简老头赶着空水车，慢腾腾地出了城。他一边走一边嘀咕：老天爷保佑，千万别露了馅呀！还没走到高梁桥，他就听见从远到近响起了一阵马蹄声，回头一看，一位太监从高头大马上跳下来，用绳子往他身上一套，就捆绑起来，把他逮走了。

一路上，简老头吓得战战兢兢，心里乱成了一团麻，左思右想，想出了一个对付的办法。要是这一招不成，就只好挺着脖子等杀头了。

进了皇宫，内务府郎中亲自审问。简老头闭口不答，一口咬定非要见到皇上，才能如实招供。因为他想：阎王爷好见，小鬼儿难搪！弄得好，皇上也许会饶了他这一遭，让他躲过一场大难。

乾隆还真是破例地召见了他。

皇上亲自问简老头："奴才！今天送的是玉泉山的水吗？"老头如实禀报："不是。"乾隆又逼问："为什么不送玉泉山的水？这是欺君罔上，你知罪吗？"简老头跪在那里不敢抬头，说："奴才罪该万死！奴才本来是送的玉泉水，半路上骡子惊了，泉水洒掉半箱，奴才就灌了点高梁河的水。"皇上又问:"为什么不回玉泉山灌水?"老头说:"奴才怕耽误了万岁爷喝早茶。玉泉山的水甜,可远水解不了近渴呀!"

乾隆一听,这老头是为了赶上他喝早茶,忽然可怜起这个老头来啦,气也消了一大半。他觉得"远水解不了近渴"这句话挺有意思,就自言自语地重复了一遍:"玉泉山的水甜,可远水解不了近渴。"

简老头听到皇上讲了这句话,赶紧接着说:"谢主隆恩!奴才再也不敢掺河水了!"

那时候,皇上是金口玉言,话一出口,就不能收回了。他既然说了"玉泉山的水甜,可远水解不了近渴",就说明他已经同意这一次在玉泉水里掺河水啦!便趁势饶了简老头,打发他出了皇宫。

以后,北京西郊的人,在说到"远水解不了近渴"的时候,还会记起那位聪明机智的简老头来。

佛大殿小的故事

乾隆年间,要在玉泉山山顶修建一座大殿供佛。工程是由样式雷负责的。那时候,正赶上天旱无雨,京西北坞村一带的老百姓,十室九穷,连饭也吃不饱。为了救济穷人,样式雷以工代赈,把工程转交给北坞村一个包工头。但样式雷有个要求:参加建设的瓦匠、木匠必须是二十岁上下的青年人,以工带学,边学边干,工程完毕,要培养出一批合格的瓦木匠。这叫作授人以财，不如授人以艺。

工程接下来以后，包工头便带着一帮经过挑选的小青年来到工地，边规划边合计：工期一年，这冬仨月加上春节就占了一百天。只有日夜加工，才能如期完成。因此，大家要出活快，尺码准，千万不可忙中出错。

没料到，忙中还是出了错。一位小木匠在师傅上茅房的工夫，就看错了尺码，愣是把大柁锯成了二柁。这事情若是嚷嚷出去，谁也得"吃不了兜着走"。于是大家在一起商量对策。有人提出打箍接柁，再披麻裹漆。有人说，那不行，上边的重量压下来，工程完不了就得露馅儿。

包工头走投无路，只好硬着头皮，到海淀镇槐树街样式雷家，去讨教高明。样式雷一听大柁给锯短了，吓出一身冷汗。他随着包工头来到工地，在木料场绕了三圈儿，看了量，量了看。心想：当止是大柁锯错了，柁木檩件的尺寸也不合乎规定。怎么办？他突然展开紧锁的眉头，大声笑着说："木料不要，砖石改料。砖多石少，佛大殿小。"说完了，把包工头叫到一旁，让他附耳过来，面授机宜。包工头连连点头说"好"。

结果，工程如期完成。一座没有一根木头，完全是砖石仿木结构的大殿，按时建成了。因为大殿没有梁，全是砖石发券而成，所以叫"无梁殿"。又因为工料是可着大佛的身量准备的，看起来给人一种"佛大殿小"的感觉，人们称它"佛大殿小无梁殿"。

据说，无梁殿竣工时，乾隆皇帝亲自参加大佛开光大典。他问：

为什么大殿没有梁？样式雷回答：因为佛主叫无量寿佛，他是大殿的主人，所以设计了无梁殿。皇上也曾经问过：为什么这座无梁殿显得佛大殿小？样式雷干脆利落地回答：我主万岁，这格局就是按佛大殿小设计的。因为您老佛爷佛法无边，至高无上，这叫佛大欺殿呀！

乾隆皇帝听了这话，心里乐滋滋的：是啊，怪不得臣民都叫我乾隆老佛爷呢！

样式雷不仅以自己的仁慈之心，救活了一伙穷人，培养了一批瓦木匠后辈，还用高超的技艺、智慧和机敏，解救了一场"欺君之罪"的大灾难。

妙云寺的传说

玉泉山西边不远，在通往香山大道的南侧，有一座残破的古庙，这就是妙云寺。庙里有两块石碑，碑上一个字也没刻，人们叫它无字碑。古庙的南墙外，有一座白色的小灰山，孤零零地堆在开阔的平地上。小灰山南边是一座古坟，看样子早就被人盗过了。

关于这妙云寺、无字碑、小灰山和古坟，还有一连串的传说哩！

在乾隆坐天下的时候，皇宫里有一个姓曹的妃子，很受皇上宠爱。曹娘娘有个弟弟，叫曹国泰，仗着皇家的权势，为非作歹，欺压百姓，是一个人人骂的浪荡公子。

有一次，曹国泰骑马逛香山，在玉泉山西边的御道北侧，看见了一块石碑。他勒住马抬头一看，上面刻着几行碑文，写的是：

九缸十八窖，

不在北道在南道，

过路行人念三遍，

念出金银修座庙。

曹国泰财迷心窍，就连念了三遍，想真的念出金银来。可是他念了三个三遍，还是连一个银锭子的影儿也没看见。曹国泰就请随行的清客多念几遍碑文，帮助他出出主意，一定要把金银弄到手。有个清客反复默念了几遍以后，对曹国泰说："据我猜度，碑文的真意是：在这条御道的南侧，埋藏着九缸十八窖金银；若是有人发了善心，捐款在路南修建一座庙宇，就会挖出那座银库来。"曹国泰觉得清客说的话在理，也忘了去逛香山，掉头回城，备钱买地，筹备修庙的事去了。

修庙的工匠们正在挖地基的时候，一镐抢下去，正好刨到一块石板上，清理掉石板上的泥土，原来是块小石碑。曹国泰听到消息，让工匠把石碑擦洗干净，就露出了几行小字：

九缸十八窖，

你要半缸半窖，

我要半缸半窖。

　　　　　　切莫人心无己蛇吞象，

　　　　　　　　不然脑袋掉。

　　曹国泰一心想着金银，不管他什么"半缸半窖"，也没想掉不掉脑袋。他命令工匠快把小石碑挖出来。等刨出了小石碑以后，就看见有一个大石槽，里面放着二十七个瓷缸，九个圆形的，十八个方形的，里面盛满了白花花的银子，这就是石碑上说的"九缸十八窖"。曹国泰看见这么多银子，眼都急红了，马上下令，要把二十七缸银子运回自己家里。

　　这时候，那位清客上来阻止说："公子不要着忙，你仔细读一读碑文，那上面的话，不可以不看，不可以不做啊！"曹国泰根本不把清客的话放在眼里。他说："不就是有人想分我一半银子吗？那是'做梦娶媳妇——想好事'哩！还说要我掉脑袋，谁敢呀？"清客见他不听劝告，仗着皇帝的势力，耍起威风来啦，也就不再言语了。曹国泰把手一挥，叫人赶快把九缸十八窖银子，运到城里家中，自个儿独吞了。

　　银子运走以后，修庙的工程加紧进行，不到一年的工夫，一座像样的庙宇就建立起来了。还是那位清客给这座庙起了个名字，叫妙银寺，也有人叫它妙云寺。

　　曹国泰修妙银寺发了一笔横财，真是烈火烹油，财势两旺。没过半年，乾隆皇帝又给他加官晋爵，封他为山东巡抚。他往来于京城和济南之间，上欺君主，下吃黎民，竟然成为京都有名的富豪。可是，善有善报，恶有恶报，正当曹家添油拨灯的时候，飞来了一场意想不到的灾难。

那一年，乾隆皇帝降下御旨，要把香山碧云寺一带的泉水引进京城，开挖一道泄水河：从香山经普安店、小屯村、双槐树、三里河，经过护城河，再流入潞河。当挖河工程进展到小屯西禅寺时，出现了一段沙层，沙层越挖越多，工程只好停了下来。乾隆是很讲迷信的人，他要亲自来察看风水。他到现场一看，就说这是藏在地底下的一条黄龙，龙尾西起翠微山，龙腰在西禅寺，龙头就在妙云寺。这黄沙就是黄龙的腰身，黄龙已经延伸到玉泉山的西边了，如果龙头伸到了天下第一泉，修建妙云寺的施主家，就会有贵人出生，出现真龙天子，威胁爱新觉罗氏的皇权统治。为了破妙云寺的风水，避免天下大祸，乾隆下令在妙云寺南墙外堆起一座灰山，把黄龙烧死。这样做了还嫌不够，乾隆又在庙里竖起了两块无字碑，说这叫"瞎碑"，代表黄龙的双眼也被石灰烧瞎了。这条黄龙先瞎后死，再也不能往玉泉山爬了。

乾隆听说妙云寺的庙主是曹国泰，就对他有了几分戒备，想找碴儿杀一杀他的气焰。

曹国泰自从当了山东巡抚以后，干的坏事更多了。济南城里被他迫害的冤主到处都是。虽然不少人也曾到京城告他的御状，可因为有曹娘娘在宫里替他保驾，谁也没有伤他半根毫毛。

济南城有一个不满三十岁的寡妇，名叫妙母娘，是远近有名的美女，她只有一个十二岁的男孩，叫左连城，跟她一起过着苦日子。一天，年轻寡妇在临街泼水，正好曹国泰坐轿打这儿路过，他挑帘一望，马上看中了妙母娘，就吩咐差人进门抢人，把妙母娘塞在轿子里回衙去了。可怜妙母娘在曹家横遭污辱，没过几天就悬梁自尽了。

年纪小小的左连城，哭天天不灵，叫地地不应，一狠心讨饭来到北京城，要找皇上告御状。一天，他走到护国寺门前，见这里红墙黄瓦，高门大户，以为是皇宫，就跪在庙门口，等着拦轿喊冤。这护国寺的老和尚名叫伽陵，是乾隆皇帝的替身，他出门时遇到了跪在当街的左连城，看左连城眉清目秀，满脸泪水，就上前问他。左连城见这个人身高体大，身披红袍，以为是个大官，就连叩三个响头，一边哭一边说："我是山东济南府人，母亲被曹国泰抢走害死了，我要为母亲报仇，上京告状来啦！"伽陵和尚一听，很赏识这个小孩子的胆量，再说他对曹国泰欺压百姓的恶行早有耳闻，就想帮这个孩子出口气。老和尚把左连城带回庙里，对他说："那曹国泰有权有势，恐怕你惹不起他。"左连城说："我人小，可有理走遍天下；他官大，无理也是寸步难行！"和尚见他人小志大，就答应给他写状子，呈递给皇上。

第二天，老和尚叫左连城打扮成自己的书童，带他进宫。老和尚让左连城参见了"刘罗锅儿"刘墉，对他说："这是跟刘大人同吃一山果、共饮一河水的山东小儿，到大人面前喊冤来了。"说完就把状纸呈了上去。刘墉对左连城说："你一个小小的孤儿，怎么敢告曹国泰？你不怕杀头吗？"左连城连忙跪在刘墉的脚下，说："刘大人，咱们山东自古出名将，如今又有了您这么一位铁面无私的丞相。俗话说'好汉护三村'，我是你老家来的一个孤儿，请刘大人为小民做主！"刘墉被这孩子一激，又见他说得头头是道，就把他搀扶起来，把状纸收好，一甩袖子上朝告状去了。

这天，乾隆皇帝坐在金銮殿上，宣布退朝，文武百官都走了，只有刘墉还跪在地上不动。皇上问他有何事？刘墉就呈上奏折。乾隆读完，就提笔写下一道圣旨，派刘墉到济南府查办。他想借刘墉的手，把曹国泰整治一下。

刘墉带着圣旨和状纸，马不停蹄，来到济南府。地方官员全到巡抚衙门迎接皇上派来的钦差大臣。刘墉宣读完圣旨，就问曹国泰："你身为朝廷大官，为什么强占民女，害人性命？"这曹国泰也不是好惹的，顶撞说："刘大人凭空诬人清白，你有何证据？"刘墉使了个巧计，用状纸盖着圣旨一起递给曹国泰。姓曹的连看也不看，接过来刺啦一声撕成了两半，扔在地上。刘墉猛喊一声："大胆！你敢撕毁皇上的圣旨，该当何罪？给我拿起来！"兵丁衙役一拥而上，曹国泰往地上一看，果然是圣旨被他撕破了，只好跪下来束手就擒。刘墉当下就宣布，曹国泰撕毁圣旨，该当死罪！派人把他推出衙门斩了。

曹国泰被杀的消息传进皇宫，曹娘娘哭得泪人似的，就挑拨离间，怂恿皇上处死刘墉，以报杀弟之仇。乾隆想：我原想刘墉惩戒曹国泰一下，也没让他杀人呀！就答应曹娘娘，等刘墉回朝后再跟他算账。

借钱修渠

从香山碧云寺往东到玉泉山，有一道弯弯曲曲的高墙，墙上架着一道不宽的石槽，石槽里流着一股清清的泉水。这就是有名的引水石渠，是乾隆年间修成的。老人们说，当时修了两道石渠，另一道是从樱桃沟到玉泉山。那一道石渠现在还能找到残迹，在樱桃沟的山道边上，在正白旗村西河滩边上，还有一段一段的石槽，是豆渣石凿成的。从碧云寺修出来的石渠，虽然很难找到了，可马路边上还有一大段长长的土坡，兴许就是被拆毁的高墙吧！

你信不信，修这道石渠的时候，曹雪芹还出主意整治过一个伏地财主呢！

这个伏地财主姓韩，曾经在皇家的东宫当过差，人称"东宫韩家"——不是他家出了东宫娘娘。韩老太爷财大气粗，为富不仁。西山一百零八座煤窑，他家独占了那个零头；光是拉脚的骆驼就有几十把。韩家的大小人口活得金贵，连他家的牲口也高人一等，大年三十晚上要吃饺子！东宫韩家开铺子赚黑心钱，放驴打滚的银子，街坊邻里净受他家的欺负。大伙早就想狠狠地整治整治他，好出了这口气。曹雪芹对大伙儿说：善有善报，恶有恶报，别看他一时间横行霸道，到头来总有栽跟头的时候！

东宫韩家倒霉的日子，到底来了。

乾隆十五年（1750），皇帝修建清漪园，加高了万寿山，扩大了昆明湖。可是天旱无雨，湖里缺水，光靠玉泉山的水，哪年哪月才能灌满昆明湖？乾隆皇帝眼都急红了，就召来代管三山郎中，限他三天之内献上灌湖良策，不然就要打板子，摘顶子，罢官治罪。

代管三山郎中领旨回府，急得睡不着觉，吃不下饭，平日离不开的二两烧酒不想喝了，一袋关东烟也不抽了，就见他一个劲儿唉声叹气。家里人不知内情，就问："你这是着了什么魔？心里有事，就唠叨出来，免得憋在肚里是块病。"三山郎中愁眉苦脸地说："事到如今，我也不瞒你们了。昆明湖里缺水，皇上限我三天拿出办法来。这老天爷不下雨，我能有什么办法？"他的妻子听完以后说："我当什么事呢，大活人还能让尿憋死？你没有办法，别人也都没有办法？我看呀，你还是找曹二爷请教请教去吧！他走南闯北，见多识广，经的事多啦，拍拍脑门就能救你的驾。"三山郎中一听，马上来了劲头，说："可也是！——我是给急蒙了，越想越往死胡同里钻。我是守着太庙忘了神仙。亏你给我提了个醒儿。"他话音儿还没落，就转身奔正白旗去了。

到了曹家，三山郎中说明了来意，拱手请曹二爷相助。曹雪芹迈着方步在当院走了个来回，站定以后说："我教你几句借水真经回去禀明皇上，如果按着真经行事，就能保管昆明湖有水，你的顶戴不掉。这借水真经是：万寿山没水，玉泉山借；玉泉山没水，香山借；香山没水，东宫韩家借。"郎中听完，不懂这水如何借法，就请曹雪芹仔细指点。曹雪芹说："这昆明湖乃龙潜之地，岂能没水？如今水源不足，就得向天下第一泉——玉泉借；玉泉水不够，再朝香山借。香山每年雨水漫流，泉水流失，要是把泉水引到了玉泉山、昆明湖，就不愁他天旱不雨。朝香山借水，得修一道石槽，因为地势高低不平，石槽下还得修一道高高低低的长墙。这条七八里长的石渠，造价得用几万两银子，这钱从哪儿来？要向东宫韩家借，因为韩家开煤窑破了香山的风水。韩家舍了财，就能赎回破坏风水的罪过。"三山郎中听懂了"真经"，向曹雪芹恭恭敬敬地打了个千儿，就告辞了。

乾隆皇帝听了三山郎中念完"借水真经"，见能引来香山的水，又不花皇家的钱，就连口称赞这是个好办法。当即传下御旨：按借水真经借钱修渠，引香山泉水灌满昆明湖。

皇上是金口玉言，一字出了口，九牛拉不回。东宫韩家不敢抗旨，只好把搜刮来的不义之财，"借"给皇上垒墙修渠。那石槽还没修到玉泉山，韩家就倾家荡产了。

从香山往玉泉山修了两道引水石槽，昆明湖不愁没水了，它成为京城西郊的一座小小的储水库。

第八章 艺 文

明代玉泉山诗文选录

胡广：玉泉山

玉泉之山下出泉，泉流萦折如虹悬。

却带西湖连内苑，直下通津先百川。

微风时动碧波颣，明月夜映清光圆。

此中会见古人影，故碣记得金元年。

邹缉：玉泉山

嶂雾岩云涌玉泉，长流未似瀑流悬。

声惊素练鸣秋壑，光讶晴虹饮碧川。

飞沫拂林空翠湿，跳波溅石碎珠圆。

传闻绝顶芙蓉殿，犹记明昌避暑年。

金幼孜：玉泉山

宛若垂虹引玉泉，萦萦出洞净涓涓。

细通树底明初日，遥入湖阴动远天。

鱼乱翠纹生雨后，鸥分白浪起风前。

流从太液归沧海，高建恩波下九埏。

文徵明：望湖亭

寺前杨柳绿阴浓，槛外晴明白映空。

客子长堤嘶倦马，夕阳高阁送飞鸿。

天浮野色行踪外，人在扁舟落照中。

三月燕城花满地，春光都向碧云东。

刘效祖：登望湖亭

为览西湖胜，来登最上亭。

云生拖练白，日出拥螺青。

葭菼高低岸，鸥凫远近汀。

泉源何所藉，佛土与山灵。

阎尔梅：玉泉山

山桥两岸尽垂杨，直上峰巅视下方。

雨涸郊原春草白，风多车马昼沙黄。

宗门有棒分曹洞，贵戚韬弓杂羽郎。

入寺无僧尘满壁，独留残碣自初唐。

华廷琳：吕公洞

泉周山趾岭围岗，左右钟声争夕阳。

仙自洞居僧自寺，云栖林嶂月栖廊。

白头守火生丹灶，黄面随钟散讲堂。

不道宦游茫似海，归玄归释也茫茫。

刘侗，于奕正：玉泉山

山，块然石也，鳞起为苍龙皮。山根碎石卓卓，泉亦碎而涌流，声短短不属，杂然难静听，絮如语。去山不数武，遂湖，裂帛湖也。泉进湖底，伏如练帛，裂而珠之，直弹湖面，涣然合于湖。盖伏趋方怒，虽得湖以散，而怒未有泄，阳动而上，泡若沫若。阴阳不相受，故油中水珠，水中亦珠，动静相摩，有光轮之。故空轮流火，水亦轮水，及乎面水则泄，是固然矣。湖方数丈，水澄以鲜，深而浮色，定而荡光，数石朱碧，屑屑历历，漾沙金色，波波萦萦，一客一影，一荇一影，客无匿发，荇无匿丝。水拂荇也，如风拂柳，条条皆东。湖水冷，于冰齐分，夏无敢涉，春秋无敢盥，无敢啜者。去湖遂溪，缘山修修，岸柳低回而不得留。石梁过溪，亭其湖左，曰望湖亭，宣庙驻跸者，今圮焉。存者，南史氏庄。又南，上、下华严寺，嘉靖庚戌房阑入，寺毁焉。寺存者二洞：华严、七真。洞壁刻元耶律氏词也，人曰楚材者，讹。又南，周皇亲别墅，今方盛。迁而西，观音庵。庵洞曰吕公，今存。昔吕仙憩此，去而洞名也。又北，金山寺，寺今荒破，未废尔。寺亦洞，曰七宝。是诸洞者，惟一华严，洞中度以丈，丈三之，其六曰洞，可狸鼠相蔽窥也。径寺登平山，望西湖，月半规，西堤柳，虹青一道，溪壑间，民方田作时，大河悠悠，小河箭流，高田满岬，低田满瀧。今湖日以亭圃，堤柳日以浓，田日以开。山旧有芙蓉殿，金章宗行宫也。昭化寺，元世祖建也。志存焉，今不可复迹其址。

（选自《帝京景物略》）

孙承泽：玉泉山记

西山之胜众矣，不能纪，纪其所过。游自玉泉山始。其泉流为西湖，玉河发焉。车马遵涘以入其山。于诸山突而前，延延远望，如釜首戴土犹冠也，近削立而尊如屏，华严寺南倚之。寺毁，存其寝，拾级升，有平台，望湖焉，见帝都焉。壁当寝后，洞在壁间，洞户沉沉黑，若无入者，入久而白煴光照其上下，下乳如露，尽其洞四丈而修，广丈有奇，左右石床，最里见石龛也。暮，僧然苇薪助之，后见两石壁诗，自元丞相揭里以来。其上又有洞，其顶有故金芙蓉宫址，章宗避暑宫也，未至。山之右，挠泉而蛇盘，曰金山寺。自华严而下，度三石桥，折水而门临之，水清鉴毛，石齿齿然，藻蕴蕊蕊然，其中无鱼，阴水也。金山观不如华严，轩楹差之，可以寝处，客多宿者。右盘而西北，缘冈而途，蜿蜒以曼衍，皆山也。岺嶌高下，隈奥巃巃然，其林木参焉，日之所照，垣翼朱丹五彩，则嫔嫱内人大珰茔焉。秫黍菽粟，油油交于林间，有果园，稍稍有苏牧村落也。

（选自《天府广记》）

袁宗道：玉泉山

玉泉山距都门可三十里许。出香山寺数里，至山麓，镡泉流汇于涧，湛湛澹人心胸。至华严寺，寺左有洞曰翠华，有石床可憩息，题咏甚多，莓渍不可读。又有石洞在山腰，若鼠穴，道甚险。一樵儿指曰："此洞有八百岁老僧。"从者弃行李往争观。呵之不能止。及返，余问果有老僧否？曰："僧有之，然年止四五十。"乃知樵儿妄语耳。寺北石壁甚巉，泉喷出其下，作裂帛声，故名"裂帛泉"。有亭可望西湖，故名"望湖"。

（选自《白苏斋类集·记类》）

袁中道：玉泉山

功德寺循河而行，至玉泉山麓。临水有亭，山根中时出清泉，激喷巉石中，悄然如语。至裂帛泉，水仰射，沸冰结雪，汇于池中。见石子粼粼，朱碧磊珂，如金沙布地，七宝妆施，荡漾不停，闪烁晃耀，注于河。河水深碧泓渟，澄澈迅疾，潜鳞了然，荇发可数。两岸垂柳，带拂清波，石梁如雪，雁齿相次。间以独木为桥，跨之濯足，沁凉入骨。折而南，为华严寺，有洞可容千人，有石床可坐。又有大士洞，石理诘曲，突兀奋怒，较华严洞更觉险怪。后有窦，深不可测。其上为望湖亭，见西湖明如半月，又如积雪未消。柳堤一带，不知里数，袅袅濯濯，封天蔽日。而溪堑间民方田作，大田浩浩，小田晶晶。鸟声百啭，杂华在树，宛若江南三月时矣。循溪行，至山将穷处有庵，高柳覆门，流水清激。跨水有亭，修饬而无俗气。山余出巉石，肌理深碧。不数步见水源，即御河发源处也，水从此隐矣。

（选自《珂雪斋集》之《西山十记》）

清代静明园诗文选录

玄烨：玉泉赋

若夫天产瑰奇，地标灵迥；融则川流，峙惟山静；抚风壤之清淳，对玉泉之幽靓；信芳甸之名区，而神皋之胜境也。而其洞壑崖巘，岩阿丛复；源出高冈，溜生寒麓；瑶窦溅珠，琼沙喷玉；控以翔螭，引之鸣瀑；初喷薄以飘丝，旋潆洄而曳縠，既瀺灂于涧溪，遂渺弥于陵陆。侔色则素缣无痕，俪质则纤尘不属，挹味则如醴如膏，揣声则为琴为筑。于是长输远逝，澶漫演迤；曲之为沼，渟之为池；拭一泓之明镜，泻千顷之琉璃。排玲珑之雁齿，跨蜿蜒之虹髻。拓澄湖而西汇，环仙籞而东驰。当其春日载阳，惠风潜扇；草绿初芽，柳黄欲线；卷百尺之湘绮，拖十重之楚练；荫远树之芊绵，泛落英之葱蒨。及夫长瀛届节，新涨平堤；林霏夕敛，岚彩晨飞；抽碧筒以徐引，缀丹的以纷披，展含风之翠葆；搴裛露之红衣。若乃炎歊既回，鲜飙疏豁；泠泠桂间，袅袅苹末；见凫雁之沉浮，望烟云之出没；掬皓魄于晴澜，散清晖于深樾。至于凄辰中律，水树萧骚；木叶尽脱，微霜始飘；耿冰雪以流映，拥贞蓁而后凋；揽六宇之旷邈，寄余怀于沉寥。是为其状也，何时不妍，何妍不极；境近心远，目莹神逸。有林坰之美，而无待于攀跻；有亭榭之安，而无劳于雕饰。岂所语于入华林者，拟濠濮之游；涉太液者，象蓬瀛之域也耶！

玄烨：清明登玉泉山

寒食登高芳草青，泉声映柳出春亭。

心中怀得天然处，坐对沙鸥乐野汀。

玄烨：玉泉春晓

郊墅初晴后，芳春曙色旋。

孤峦堆画障，细穴吐新泉。

浪静鲜鳞跃，风恬紫茵妍。

怡情看万象，浩浩思无边。

胤禛：咏玉泉山竹

御园修竹传名久，嫩筱抽梢早出墙。

雨涤微尘新浥翠，风穿密叶澹闻香。

低侵幽涧波添绿，静幂虚窗影送凉。

更羡坚贞能耐雪，长竿节节挺琳琅。

胤禛：初夏至玉泉山

绿野熏风至，夜来春已过。

扑衣飘落絮，贴水出新荷。

浪暖鱼吹沫，泥香燕作窠。

临泉聊命酒，披拂爱烟萝。

弘历：西海泛舟因至玉泉山

轻云鳞碧空，荡喧朝爽凑。

湖山静且佳，草木含芳秀。

小舠泛西海，西峰如在囿。

招提隐岩阿，金彩树间透。

沿流试寻探，玉泉宛相就。

是时新雨后，活活涌银溜。

拖为绮縠纹，激作珠玉漱。

犹疑天上去，飞自石边窦。

山鸟何间关，林阴亦浓茂。

郊圻一聘望，绿畴如错绣。

忧旱心稍释，此焉遣清昼。

弘历：泛舟玉河至静明园三首

玉带长桥接玉河，雨余拍岸水增波。

静明园古林泉秀，便趁清闲一晌过。

两旁溪町夹长川，稚稻抽秧千亩全。

意寄怀新成七字，绿香云里放红船。

吴越曾经风物探，每教位置学江南。

请看耕织图中趣，一例豳风镜里涵。

弘历：雪中泛舟至玉泉

为爱迷茫态，聊寻汗漫游。

著波原是水，缀浦不分鸥。

玉障一川外，梅花万树头。

本来觅诗者，莫认访人舟。

前日谒灵宇，抒诚冀沛恩。

（以不雪祷于玉泉龙祠）

由来沾尺泽，始觉沃心源。

山色银鳞缬，泉声趵突翻。

勾芒幸未达，慰听老农言。

（麦方长而遇雪则易伤。老农云：今麦始纽芽，于雪为宜）

峰痕青半灭，松色翠仍凝。

办得操金石，何妨冒雪冰。

收来清莫比，烹出品全胜。

第一泉应道，毋宁要以恒。

（泉品以轻为贵，莫轻于玉泉。惟雪水较轻，然雪水不恒得，故
当以玉泉为天下第一。予于记中尝详言之。）

弘历：静明园即景

树自菁葱花自妍，青山当户足云烟。

游因避暑常携卷，坐爱烹茶每就泉。

风度钟声来岭外，鸟衔果实落阶前。

乘闲更上西岩阁，乐在桑郊稻垄边。

弘历：初春游玉泉山即景五首

春雪初消岚翠蒸，玉泉报我景堪冯。

青龙桥畔才清眺，兴到烟霞最上层。

村路纤徐塍叠鳞，土膏脉起不生尘。

柳将开眼花含蕊，雅似江南二月春。

溪畔机房桑柘扶，水田新辟治莱污。

欲因几暇频来往，好阅天然耕织图。

构筑精庐仿惠山，竹炉清伴片时闲。

名泉有德无分别，岂较寻常伯仲间。

（去年品泉，以玉泉为第一，惠山为第二，故戏及之。）

碧泓春水映船唇，别院韶光已可人。

江砚宣毫供即景，却输开府擅清新。

弘历：仲春游玉泉山静明园

仲月几闲命清跸，静明佳处试徘徊。

滔风动后催新荨，积雪消余出冻荄。

春冷虽云群卉勒，泉灵却见一株开。

（北方虽际春分，而天气尚寒，惟玉泉之水经冬不冻。是以今日来此，其旁山桃竟有开放者。）

谓他遮莫夸先进，即看韶华衮衮来。

弘历：初夏幸静明园

雨足林峦偶一过，离宫别馆玩清和。

红迎列仗云霞丽，香绕遥村饼饵多。

泉奏琴音流砌畔，风传梵响度岩阿。

侍臣谁献相如赋，止辇还听野叟歌。

弘历：玉泉雨景

云容雨态散还凝，山色波光空且澄。

放眼水晶宫阙里，如斯欣遇几回曾？

弘历：初秋玉泉山

夹岸残蝉沸，轻舟数里过。

黄新亚畦稻，红老贴波荷。

花木芳心歇，乾坤秋意多。

拈毫抒逸兴，莫漫惜蹉跎。

弘历：游玉泉山见秋成志喜

天末风吹溽暑清，家家铚艾庆西成。

宜人爽气山前景，载我扁舟画里行。

田父村头闲共语，牧童牛背笑相迎。

年来屡见千秋稔，拟报农祥慰圣情。

弘历：玉泉垂虹

涌湍千丈落垂虹，风卷银涛一望中。

声震林梢趋众壑，光浮练影挂长空。

跳波激石珠丸碎，溅沫飞花玉屑红。

自此恩波流处处，公田时雨泽应同。

弘历：题静明园十六景

廓然大公

听政之所，虚明洞彻，境与心会。取程子语言之。

沼官时燕豫，召对有明庭。

即境爱空阔，因心悟逝停。

鉴呈自妍丑，汲取任罍瓶。

敷政真堪式，宁惟悦性灵。

芙蓉晴照

峰峄如青莲华，其巅相传为金章宗芙蓉殿遗址。名适暗合，非相袭也。

秋水南华趣，春光六月红。

羞称张氏面，不断卓家风。

无意峰光落，恰看晴照同。

更传称别殿，旧迹仰睎中。

玉泉趵突

泉自山腹濆出，燕山八景目以垂虹者谬也。兹始为正之。

济南（趵突）将浙右（虎跑），第一让皇都。

（递品名泉，定玉泉为天下第一，详见记中。）

镜水呈功德，屏山叠画图。

涧瀍千载利，玉帛万方趋。

日下传成说，于今始正诬。

竹炉山房

南巡过惠山听松庵，爱其高雅，辄于第一泉仿置之。二泉固当兄事。

惠泉仿雅制，特为构山房。

调水无烦远，名泉即在旁。

一时仍漫画，五字旋成章。

（今春过山房试茗，曾手写为图，题诗置壁间。）

瓶罄何须虑，松鸣真是凉。

圣因综绘

荟萃西湖行宫八景于山之坤隅，恍览两高而面南屏，坐天然图画间也。

为爱西湖上，行宫号圣因。

图来原恰当，构得宛成真。

钟递南屏韵，山标上竺敏。

所输波万顷，却便阅耕畇。

绣壁诗态

石崖巉峭壁立，名之曰绣，取杜老绝壁过云句意也。

绝壁幻云烟，时开锦绣然。

名家空藻绩，大块不雕镌。

留此千年意，居然四十贤。

曹刘如降格，知复定谁先。

溪田课耕

疏泉灌稻畦，每过辄与田翁课晴量雨。农家景色，历历在目。

引泉辟溪町，不藉水车鸣。

略具江南意，每观春月耕。

嘉生辨粳稻，农节较阴晴。

四海吾方寸，悠哉望岁情。

清凉禅窟

佛火香龛，俨然台怀净域，更不问是文殊非文殊。

名山结初地，葱萃四邻通。

爱此清凉窟，常绕松竹风。

花如悟非色，鸟解说真空。

比似白莲社，回舆笑彼翁。

采香云径

由禅窟右转，东北行，磴道盘纡，山苗涧叶，酾馥缘径。

松径招提出，兰衢宛转通。

植援防鹿逸，学圃望鱼丰。

是药文殊采，非云八伯丛。

欲因知野趣，匪事慕菰菘。

峡雪琴音

山巅涌泉潺潺，石峡中晴雪飞洒，琅然清圆，其醉翁操耶？

抟壁上层椒，琤然仙乐调。

色疑舞滕六，制不出雷霄。

云雾生衣湿，川原入目遥。

置身尘以外，得句亦因超。

玉峰塔影

浮屠九层，仿金山妙高峰为之。高踞重峦，影入虚牖。

窣堵最高处，岩岩霄汉间。

天风摩鹳鹤，浩劫镇瀛寰。

结揽八窗达，登临一晌闲。

俯凭云海幻，揭尔忆金山。

风篁清听

竹近水则韵益清，凉飔暂至，萧然有渭滨淇澳之想。

　　水木翳然处，端宜植此君。

　　每因机虑息，常有静声闻。

　　鸾戛风中籁，龙飞月下文。

　　王家多子弟，应尔独超群。

镜影涵虚

　　泉至前除，汇为平池，澄泓见底，荇藻罗罗，轻鲦如空中行。泆流沸出，若大珠小珠错落盘中。

　　济上曾流憩，珍珠故此如。

　　淙淙常漱玉，朗朗镇涵虚。

　　曲折千廊绕，团圞一镜储。

　　宁无于水鉴，絜矩试凭诸。

裂帛湖光

　　山东麓为裂帛湖，昔人谓泉从石根出，溢为渠者是也。由昆明湖放舟以达园中，傍岸置织局，桑畴映带，有中吴风景。

　　湖名传日下，此日偶重题。

　　縠影风前裂，机声烟外低。

　　唼喋乐鲦鲤，翔翥集凫鹥。

　　讵止歌清浊，还因会筦倪。

云外钟声

园西望西山梵刹，钟声远近相应，寒山夜半殆不足云。

静室花宫侧，钟声发上方。

隔云音越迥，警俗意弥长。

似共天花落，何殊梵偈扬。

七条如可悟，不必问真常。

翠云嘉荫

双栝郁然并峙，相传为金源时植。元吴师道玉泉诗有云"长松古桧见未有"，殆即是耶？因树为屋，故以嘉荫为名。

古栝金源种，双株尚郁然。

适因构闲馆，堪以悟齐年。

翠影虚窗外，寒涛敞座边。

夷齐名塞上，续咏欲增前。

（丁卯巡塞外，逾僧机图岭之南，古松双干并峙，命之曰夷齐松，作歌纪之。）

弘历：玉泉山杂咏十六首

玉泉山盖灵境也，虽亭台点缀，时有晦明，而山水吐纳，岚霭朝暮，与造物相终始。故一时之会，前后迥异，一步之移，方向顿殊，吾安能以十六景概之。即景杂咏，复成十六首。

清音斋

数竿竹是湘灵瑟，一派泉真流水琴。

净洗闻尘澄耳观，不知何处觅清音。

华滋馆

竹素园中翰墨筵，优游良觉沃心田。

偶来便尔忘归去，满目生机总静妍。

冠峰亭

危亭四柱据层峰，携得峰云一袖浓。

恰似梵天花雨里，珠宫每冠玉芙蓉。

观音洞

何处飞来此落伽？默然不更转三车。

设云义谛无余转，者个非忘见转差。

赏遇楼

于此赏心遇每多，春风秋月周岩阿。

十年前题绿壁字，一弹指顷才几何。

飞云岾

丰隆技痒不可止，形其奇峰色其绮。

借问长绳系得无，小试为之旋飞起。

试墨泉

行云流水定何踪，试笔欣当五合逢。

惭愧会稽王内史，至今犹说墨云浓。

分鉴曲

曲径沿堤两鉴分，云容岚态总堪欣。

恰如一月千江印，全体徒劳拟议纷。

写琴廊

曲折回廊致有情，槛依泻玉静中鸣。

灵岩若复相衡量，响屧还嫌太艳生。

延绿厅

沓嶂威纤列绣屏，每当过雨便来青。

画家欲拟真粉本，岚霭何曾有定形。

犁云亭

绿甸高低绘麦禾，犁云锄雨较如何。

一年最是关心处，忧为兹多乐亦多。

罗汉洞

何年驻锡应真群，坐席霏微花雨芬。

试问维摩著也未，辨才到此竟难分。

如如室

金刚如者都称六，梵帙原来更有三。

（《金刚经》四句偈乃鸠摩罗什译本。其他译及西竺梵文皆作九如。）

三亦非多六非欠，本无一物个中函。

层明宇

绝顶平凌下视云，水村山郭望中分。

以斯朗照通为政，何虑人情物理纷。

迸珠泉

青蒲戢戢石磷磷，错落倾来万斛珍。

最是松风萝月下，夜深仿佛见鲛人。

心远阁

山中树古不妨苍，阁里夏深还觉凉。

寥天大野何空阔，襟袖之间意与长。

弘历：乐景阁

湖中高阁耸，纳景四时全。

春丽花开日，夏凉荷净天。

月波祗秋洁，雪岫益冬妍。

问我乐何若，绥丰始信然。

弘历：翠云堂

双栝不知古，一庭都是云。

色宁春所染，声每静中闻。

得句恒于此，入图亦绝群。

金源那须忆，桑海早成纷。

弘历：甄心斋咏竹

碧池带其前，绿竹屏其后。

前年竹作花，琅玕日萎就。

昨岁得医法，病祛兹益茂。

（前岁竹偶生花，林中竹皆枯萎。昨因命词臣校录《永乐大典》，取其不甚经见之书披阅。有所谓《农桑辑要》者载治竹花法云：竹花结实如稗，谓之竹米。一竿如此，久之则举林皆然。惟于初米时，择一竿稍大者，截去近根三尺许，通其节以粪实之，则止。试之果验。）

是因翻大典，体物奇功售。

猗猗万叶芃，蠹蠹千竿凑。

映日鸾凤舞，摇风笙筑奏。

较向实改观，开卷有益究。

虽然吾转恧，施政曾未觏。

弘历：竹炉山房

近水山房号竹炉，每来试茗作清娱。

取之无尽用不竭，第一泉为第一湖。

弘历：题圣因综绘阁

湖上行宫傍圣因，

（西湖行宫在圣因寺西。）

个间肖筑逼如真。

廿年松柏渐成古，

（辛未南巡始携图以来，阅岁落成。）

昨岁丹青重饰新。

（已逾廿年，丹青不无剥落，因重饰之。）

水态峰容学明圣，

花光树色沐精神。

绘来亦只综其要，

那识吾心念在民。

弘历：赏遇楼叠前韵

山静夏无暑，窗虚楼似斋。

绿云铺野暗，爽籁韵松佳。

衣润泉流涧，人闲鹤唳阶。

几多忧乐意，高咏一开怀。

弘历：冠峰亭歌

一峰已是众山冠，一亭复作峰之冠。

譬于为学当进步，曰高仍有高者焉。

万事万物皆如此，自恃其高则卑矣。

亭子弗恒登，每登具殊会，

殊会却在江以北，淮浦灾余可无害。

弘历：课耕轩

疏轩倚秀岩，俯畅名课耕。

溪田带左近，引水艺稻粳。

墙外即高田，禾麦千畦呈。

向者偶凭窗，欣闻叱犊声。

今来再骋目，绿刺已滋荣。

及时资好雨，庶可希西成。

岂辞欲速讥，惟是先忧并。

浓云看渐徂，惜哉心怦怦。

弘历：寄畅轩

华严洞边方丈居，下临千仞一窗虚。

涧叶绿锁不遮日，岩葩芳重如袭裾。

浓阴蔼蔼复酿雨，泽壤处处方兴锄。

问予寄畅如何畅，往往后乐先忧余。

弘历：题玉泉山吕祖洞

一片白云掩石扉，推云古篆辨依微。

空中孤鹤数声唳，应是岳阳三醉归。

弘历：登玉峰定光塔

浮玉规模矗七层，新春拾级望春登。

含烟柳已轻黄染，消雪山将嫩绿凝。

视远明惟畅心目，为高因必在丘陵。

子舆真是能言者，政法先王益戒兢。

弘历：仁育宫瞻礼

宫观例崇金碧为，年深因事鼎新之。

一忱香烛落成日，上帝居高临照时。

基命惕乾申有恪，救几宵旰奉无私。

敷天万物资仁育，敛锡知艰愿勉兹。

弘历：清贮斋

斋贮清乎清贮斋，相资适足引澄怀。

三间设以方寸喻，名实个中万寓皆。

弘历：倚晴楼

山北片刻游，例由山南返。

一岭不甚高，落西走蜿蜒。

过是复就平，山楼依翠巘。

倚晴旧所名，时旸光入宛。

来此虽已频，忧喜亦屡转。

旱时忧晴酷，霖际喜晴善。

斯番忧未久，兹来喜则亶。

虽曰差心慰，仍然戒志满。

弘历：翠凉室

翠微筑精舍，九夏如深秋。

溽暑户外避，爽籁林端浮。

芸编雅宜展，筠扇权可收。

似此最佳处，数载才一游。

壁间有题句，迅验光阴流。

弘历：远风亭

舟系聊重登翠冈，虚亭纳景足徜徉。

远风今日于何胜，满野吹来禾黍香。

弘历：涵漪斋

初开春水一舟通，水上轩斋镜影中。

偶咏壁题成隔岁，似看雁字不留空。

已欣皎洁如呈月，何必波澜更忆风。

位置若还觅粉本，辋川图里辨新丰。

（石渠宝笈藏郭忠恕《辋川图》，是处位置略仿之。）

弘历：岑华阁

一朵芙蓉上涌楼，春风秋月任相投。

梵王经里极乐界，试拟形容似此不？

弘历：挂瀑檐

偏幡飞瀑挂檐端，盈耳悠扬满志寒。

昨在香山碧云寺，一泓足底近凭看。

（自碧云寺疏泉于墙脊，甃渠引注至此，下挂成瀑。）

弘历：清音斋

旷宇徘徊独畅情，耳谋目观两无营。

山如净体无余净，泉是清音中最清。

竹里数篇依籔读，溪边孤艇破烟撑。

近来稍得愁眉放，露色风光卜顺成。

弘历：含晖堂

是处近东墙，含晖因额堂。

恒兹理庶政，欣以受朝阳。

（堂近静明园东墙门，进园每即憩堂理事。）

砌角森松竹，架头插缥缃。

出门便进舫，不必更相羊。

弘历：心远阁闲眺

地迥林疏远益明，西山相对白云平。

稻畦麦陇秋兼夏，领取怀新一片情。

弘历：写琴廊

北峰前度未曾游，缦转斜廊进步由。

忽讶何人弹绿绮，俯看始悟写泉流。

弘历：飞云岫

两峰斯过峡，盘曲能藏云。

今乃不胜藏，飞去飞来纷。

云去雨还留，云归雨更殷。

配藜硫即间，天水浑难分。

墙外即稻田，农夫笠底欣。

弘历：该妙斋戏题

玉泉南北两高峰，各占峰头有窣堵。

今朝游北欲探源，塔下斋额该妙睹。

（静明园南北两高峰，其南为玉峰塔影，乃园中十六景之一。塔建峰巅，仿金山妙高峰之制，因以名之。兹北峰上为木邦塔，乃乾隆三十四年征缅甸时，我师曾驻彼，图其塔形以来，因建塔于此，取兆平缅甸之意。塔下为该妙斋。山底涌泉潺潺，石峡中琅然清圆，名峡雪琴音，亦为十六景之一，别为一湖，与趵突之玉泉异。凡山脉皆自北而南，是即园中山水源也。）

始名两字本无意，斯乃悟妙由源取。

西山脚势落向东，一伏一起成平楚。

（玉泉山势自西山蜿蜒而南，至此一伏一起，即山之麓平坦处为是园。）

此山居西万寿东，复向东则乏冈阜。

（迤东则为万寿山清漪园，更东并无山阜。盖二山骨由西山而来，为京师诸水之来源也。）

试观此斋该众妙，以其源故该妙普。

促成七字别无言，源与妙究该何所。

弘历：雨中登玉泉山北高峰作歌

适才轻舆山下来，云罩峰尖不见矣。

崎岖冒雨造峰尖，却见山云居脚底。

濯青流白鲜定形，密洒疏零无不美。

湿衣沾履正何妨，仆人例赐原皆喜。

回思五日前之愁，胸中那复知有此。

弘历：石衙亭

北峰低南峰，亦自高穹隆。

路半斯有亭，可以憩仆从。

怪石矗森森，磈硌复玲珑。

天然为排衙，小坐万笏丛。

却笑宋家苑，移置费人工。

（南宋宫苑跨凤凰山麓，其地有御教场遗址。双石列峙，旧称为排衙石。见《西湖志》。）

颙琰：观玉泉趵突泉源

天下灵泉多，玉泉称第一。

在山毓清源，味甘而轻质。

寻幽到岩麓，拾级过竹室。

观其源混混，奇状难点笔。

初看万珠跳，翻溢荣光出。

洁白云瀹然，腾波更迅疾。

神膏进仙官，昼夜常洋溢。

自足溉良田，水德钦醇壹。

煎茗特余兴，赵州落口实。

色空本相因，泉岂分甲乙。

颙琰：御制仲春玉泉山静明园即景元韵

一水相连数里遥，豫游春仲恰芳朝。

山明林秀雪初霁，丽日风和景正韶。

迎辇纷敷凝玉蕊，隔墙披拂拓银条。

畅观嘉泽天颜喜，率育来年上瑞标。

颙琰：恭和御制竹炉山房元韵

灵源福地孕名泉，试品三清活火煎。

雪蕊满林香满院，风光不数惠山前。

山房平据小嵚岭，几净窗明畅睿吟。

一览水田添润泽，西成万宝兆于今。

颙琰：华滋馆

面湖俯澄波，背岭障林木。

万汇畅清华，滋荣祈渗漉。

心愿副嘉名，感格休征速。

一雨洗尘氛，甘芳遍岩麓。

云兴不崇朝，箕伯漫相慼。

翘瞻吁帝恩，沾足生百谷。

颙琰：仲春静明园

石衢策骑度青龙，山色湖光次第迎。

胜境寻春当仲月，灵源祈泽为三农。

澄泓阶下一池水，葱郁檐端百尺松。

愿敷华滋遍千亩，辛勤力作每萦胸。

颙琰：竹炉山房

视事传餐才四刻，忙中略得半时闲。

竹炉活火调芳茗，一盏清心命驾还。

汲汲由他陆羽嘲，万几一日肯轻抛？

七言付彼佳山水，无暇流连字句敲。

颙琰：仲春玉泉山放歌

句芒司令候渐暖，青帝鼓荡夹钟琯。

凌晨策马遵石衢，路近湖湄最平坦。

今年初至玉泉山，山灵应笑予疏懒。

敕几理事岂可迟，问景寻芳必须缓。

园门甫入谒神祠，传餐小憩华滋馆。

馆名恰与好春宜，畿甸封圻雪敷满。

田耕方始利耕锄，虔祝时和无涝旱。

摘毫琢句素未能，强勉治民亹继缵。

颙琰：静明园华滋馆作

仲春来游岂觉迟，岩扃晨启坐华滋。

高峰崒嵂排青嶂，德水甘芳湛绿池。

嘉稻千畦通海甸，平湖十里接清漪。

（玉泉之水汇而为湖，并疏为渠，灌溉稻田数百顷。每至夏初，插秧莳种，罫亩布列，弥望青葱，不异东南阡陌。晚秋刈获，则比栉崇墉，村村打谷，较他处每多丰穰。盖泉甘土沃，故玉粒倍觉精腴。兹过青龙桥，凭览田家风景，弥深劭农之意耳。）

传餐视事遄归辇，山静溪明念不移。

颙琰：仲春玉泉山

鸣鞭石陌度桥西，路近昆明转大堤。

几叠春山青欲遍，数株高柳绿将齐。

夭桃放蕊舒新缬，乳燕寻巢补旧泥。

趁暇芳园遣清兴，片时游览偶留题。

颙琰：由静明园泛舟至万寿山即景

舟行碧湖外，一水两园通。

密树映波绿，高荷濯浪红。

旭辉澄积潦，云影散轻风。

夹岸田蕃茂，宜旸可兆丰。

颙琰：雨后游静明园

甘雨优沾即畅晴，郊原清景马前迎。

南湖潋滟澄波叠，西岭青苍列岫横。

罢亚香浮稻畦遍，溟蒙烟勒柳汀平。

授时茂对物咸若，静寄心源凛旦明。

颙琰：敬诣静明园龙神祠祈雨诗以志事

京畿雪未足，春雨又愆期。

验候新耕届，祈天渥泽施。

为民希稔岁，致敬叩神祠。

亟愿昭灵贶，甫田遍沐滋。

（春雨未降，新耕及期。日来弥殷盼望，先于十三日降旨，命王公大臣等分诣黑龙潭、觉生寺斋宿祈祷。本日亲诣静明园龙神祠拈香致敬，并发大藏香，命皇次子诣黑龙潭、皇三子诣觉生寺行礼，虔诚代祈。予每日默肃精诚，吁请鉴格，以期天泽渥施，神庥昭贶，普锡农田丰稔之征。）

颙琰：再诣静明园龙神祠祈雨仍用前韵

重来颜实赧，离毕总无期。

一念诚难达，三春泽未施。

瞻云祈玉宇，步礏吁灵祠。

敕咎敷甘雨，京畿均透滋。

（前于二月十七日诣祠致祷，迄今月余，甘膏未需。昨于既望莅园，即山高水高处治坛吁请。十九日至黑龙潭步祷。日来风势已息，昨晚云气聚而复散，雨征尚未可期，而节候已届春深，亟盼之心日甚一日。因于本月二十二日再诣灵祠虔申叩请，渎陈之咎所不敢辞。敬冀天鉴悃忱，神施霖雨，俾远近郊畿溥沾优渥。殷然待命，不觉形之咏叹，实未能略写忧心耳。）

旻宁：玉泉山放歌恭依皇考元韵

池冰已解知春暖，万物昭苏协钟琯。

沟塍迤逦净无尘，生机面面路坦坦。

片刻传餐弗久留，敕几总觉诗情懒。

临流袅袅柳将萌，淡黄万缕看舒缓。

神祠展谒矢精虔，胜地华滋惬山馆。

参天古木岁时深，挺秀含苍清阴满。

灵泉泽润荷神功，默佑迩遐无水旱。

孜孜立政惕渊衷，考训钦承勉述缵。

旻宁：涵万象

玉泉山水静而佳，晴雨烟云无不谐。

坐对北窗含众妙，好将新景助诗怀。

流峙飞潜各得宜，地偏人静总涵之。

玉峰塔影波心映，烟霭霏霏卷碧池。

旻宁：清音斋

曲沼波光绿，高斋面水开。

乘舆欣雨过，询政趁朝来。

岸有泉鸣玉，松根石点苔。

清音堪静听，眺赏一徘徊。

旻宁：自静明园放舟至清漪园即景成什

曲折长河四面风，闲云舒卷互西东。

垂杨两岸秋光好，香稻千畦稼事丰。

景物偶探搋藻思，雨旸时切廑渊衷。

扬帆不觉舟行速，接境名园一水通。

旻宁：静明园

据鞍秋正爽，玉宇畅新晴。

高柳蝉犹噪，幽蹊藓遍生。

漫耽山水绿，时系雨旸情。

地静风烟古，悠然万象清。

旻宁：初冬静明园即景

冬晓鸣鞭拂面凉，静明山色总苍苍。

只余红叶峰头灿，剩有黄花砌下芳。

松岸鸦群翻旭日，板桥人迹印严霜。

清冷涧曲鸣寒籁，胜地风光引兴长。

旻宁：敬诣玉泉山龙神祠瞻礼

一鞭循石陌，感谢拜神祠。

润足禾生候，滋深麦秀期。

浓云欣在望，澍雨喜知时。

稼穑丰堪卜，京畿荷惠慈。

旻宁：敬诣玉泉山龙神祠瞻礼至涵万象小憩

水天涵万象，节序迫三庚。

野鸟涧边下，新蝉林外鸣。

关心惟稼穑，稽首叩神明。

敬仁沛然雨，蕃滋庶汇荣。

旻宁：玉泉山口占

趁晓访名园，挹润欣初霁。

问政暂停鞭，不是林泉契。

山色滋还碧，溪声静且幽。

云光衬林影，掩映玉峰头。

旻宁：雨后玉泉山

时雨欣优渥，灵源报谢虔。

山山皆积翠，树树尽含烟。

远浦荷翻影，幽崖卉逞妍。

关心惟稼穑，丰稔兆农田。

旻宁：恭奉皇太后自昆明湖泛舟至静明园侍膳

湖山澄碧雨余天，问景名园好放船。

花屿云峰常浥润，岸蒲堤柳总含烟。

中流鼓枻欣清爽，别馆传餐喜静便。

深庆麦秋书上稔，承欢萱殿万斯年。

旻宁：雨后静明园即景

侵晓山园策骏行，微风飒爽喜新晴。

闲云片片含峰影，绿色连塍看稻粳。

崖岫葱茏玉塔高，清泉莹澈鉴秋毫。

揭来小憩心神静，问政宣官勿惮劳。

奕䜣：静明园即景

山馆暂停骖，虚明足静耽。

几村烟树幂，万象水天涵。

上界真标胜，灵源待布甘。

林泉岂幽契，筹旅忆江南。

奕䜣：玉泉山汲泉煮茗

玉峰塔影印澄泓，第一泉真分外清。

偶值几余瀹佳茗，半瓯讵止畅诗情。

载淳：玉泉趵突

西山趵突出天然，此是人间第一泉。

灵液养从丹嶂底，璇源涌自翠峰前。

翻空喷玉泠泠响，飞沫跳珠颗颗圆。

更溥无穷沾溉利，昆明湖水碧沦涟。

纳兰性德：扈驾西山

凤矞龙蟠势作环，浮青不断太行山。

九重殿阁葱茏里，一气风云吐纳间。

熊虎自当驰道伏，蛟螭长棒御书闲。

黄图此日论形胜，惭愧频叨侍从班。

纳兰性德：玉泉十二韵

地涌西山脉，名标禁籞泉。

百层飞作雨，万顷汇成渊。

润下终归海，源高却自天。

萦烟来树杪，带雪落云边。

隐见瑶光曳，琤瑽佩响传。

红栏桥宛转，乌榜棹洄沿。

星汉随湾泻，楼台倒影鲜。

蛟龙蟠翠岛，雁鹜起琼田。

镜面晶莹合，珠痕荡漾圆。

翠流初放荇，娇拥半开莲。

睿赏悬孤鉴，余波溢九璇。

那居真有庆，鱼藻在诗篇。

纳兰性德：玉泉

芙蓉殿俯玉河寒，残月西风并马看。

十里松杉清绝处，不知晓雪在西山。

陈梦雷：玉泉垂虹

叠嶂飞来水一泓，晴霓如练亘空横。

每随江月澄空影，乍逐天风作雨声。

濯秀平川芳草润，分流上苑御沟清。

长安尘土三千尺，洗耳还须杖策行。

允礼：渔歌互答

桃花暖浪三汊口，几个渔舟系垂柳。

沧浪客，烟波叟，欸乃一声处处有。

荷叶平铺裂帛湖，渔歌两两声相呼。

疑楚调，似吴歈，南汛一夜满平芜。

玉泉山上枫叶赤，玉泉山下芦花白。

网金鲤，钓银鲫，棹歌断续暮山碧。

青龙桥上雪漫漫，青龙桥下水团团。

吹短笛，收长竿，前船后船歌声寒。

奕绘：玉泉祷雨

三月二十，上祷雨于玉泉。次日，大雨竟夜。廿二早晴下直，太

福晋喜谓余曰：吾六十余年未曾得见京师春雨如此沾透者。退为诗以

纪之。

> 京师春雨向来少，六十余年得未曾。
>
> 下直亲闻慈母说，祈天真见圣人能。
>
> 忧民忧者民皆喜，丰岁丰兮岁又登。
>
> 浅碧稻秧深绿麦，双桥杨柳满湖菱。

（是日宿于双桥寓寺。）

麟庆：玉泉试茗

玉泉山，沙痕石隙，随地皆泉。山阳有穴，其泉涌出若沸，高三尺许。燕山八景旧称玉泉垂虹。高宗以垂虹拟瀑泉则可，玉泉从山根仰出，喷薄如珠，实与趵突义合，因更正曰玉泉趵突。今在静明园内，为十六景之一。谨按：园建于康熙年间，本金章宗芙蓉殿址而拓成之，曰廊然大公、曰芙蓉晴照、曰竹炉山房、曰采香云径、曰圣因综绘、曰绣壁诗态、曰清凉禅窟、曰溪田课耕、曰峡雪琴音、曰玉峰塔影、曰裂帛湖光、曰风篁清听、曰云外钟声、曰镜影涵虚、曰翠云嘉荫，合趵突为十六。前高水湖，后裂帛湖，二水俱东汇昆明。宫门五楹，东向。高水湖心有楼曰影湖。小东门外有堤，亘昆明湖中，石桥通水，上建坊二，迤东为界湖楼。

七月二十四日，余偕二客过金山口青龙桥，沿石道至高水湖，水澄以鲜，漾沙金色。荷花香艳异常，鸡鶒鸂鶒低飞远立，稻田弥望，俨是江南水乡。乃坐柳阴，汲玉泉，设不灰木炉，煨榾柮，煎阳羡松萝试之，甘冽清醇，为诸泉冠。伏读高宗御制记，有云：水味贵甘，水质贵轻。曾制银斗较量，玉泉之水每斗一两，塞上伊逊相同，济南珍珠泉较重二厘，扬子金山重三厘，惠山、虎跑重四厘，平山重六厘，清凉、白沙、虎丘、碧云各重一分，惟雪水较轻三厘。顾雪水不恒得，则凡出山下者，无过玉泉。昔陆羽、刘伯刍或以庐山谷帘为第一，或以扬子江为第一，惠山为第二，虽享帚之论，然以轻重较之，尚非臆说，惜其未至京师云。圣论昭垂，天下第一，泉幸矣，品泉者更大幸矣。

（选自《鸿雪因缘图记》）

民国静明园诗文选录

溥心畬：登玉泉山浮屠

边月关山远，寒烟溆浦分。

秋风吹落雁，已过万里云。

溥心畬：登玉泉山灵岩寺浮屠

孤塔出灵岩，登临集秋霰。

天风吹岩云，势与中峰断。

飞檐摘星斗，高标接河汉。

俯仰异阴晴，宇宙成殊观。

片白桑干水，尺碧灵波殿。

甘棠美召伯，金台集英彦。

荆卿骨已朽，易水无人饯。

王老迹已熄，霸图久销散。

哀哉东逝川，古人今不见。

溥心畬：峡雪琴音

玉泉山静明园中，乾隆御题诗碣尚在。

玉阶清锁散斜阳，破壁秋风草木长。

惟有西山终不改，尚分苍翠入空廊。

溥心畬：唐多令·玉泉山下泛舟

杨柳绕芳洲，寒沙带月流，到江南楚尾吴头。多少楼台明镜里，浑不似，汉宫秋。

懒上木兰舟，烟花异旧游。对湖山处处堪愁。满目新亭无限恨，东去水，几时休？

傅增湘：华严洞坐月

长画资游赏，宵深意未厌。

诸天归静寂，万象索幽潜。

竹影疑浮水，松阴坐转檐。

上方钟磬动，谁此礼华严？

傅增湘：华严洞待月之二

避纷投古洞，异想得冥搜。

野魅窥岩黑，神灯出箐幽。

摘星峰突兀，挂月影交挐。

韵事何人会，承天续后游。

田树藩：华严寺

气爽天高八月秋，老来更复喜逛游。

登临不减当年兴，近水远山一望收。

李大钊：咏玉泉

殿阁嵯峨接帝京，阿房当日苦经营。

只今犹听宫墙水，耗尽民膏是此声。

林纾：游玉泉山记

甲寅九月，桔叟招游玉泉山。方余游颐和苑时，苑中已见妙高之塔矣。是日命车出西直门，十二里至海甸，又十一里及静明园外，得券始入观。园盖塪全山而据其胜者也。老树参天，景物大类云栖。云栖竹皆寻丈，翳不见日；园则桧与柏合，荒青老绿，虽善画者莫肖其状。广殿垂坍，意即廓然大公殿也，殿额久毁。沿道多破庙，而吕祖洞、龙王庙残状尚存。循石级北上，至妙高塔下，求所谓该妙斋、崇霭轩，亦莫识其处。桔叟、石遗、林仲枢、宰平兄弟登塔，余止小亭之下。老柏敷阴亩许，坐石阶上，东望昆明，湖光一线，出万树之镈，而排云殿尚突兀空际。感念孝钦当日游幸之盛，禁御森严，今乃纵游人入观矣。既下，以舟向玉泉。趵突泉为十六景之一，旧曰垂虹，实则仰出，而非下垂。泉眼伏丛石下，虽盛沸而沉沉无声。明漪绝底，累累咸见细石。去泉寻丈外，多莳秽而弗除。细点出莳上，若鱼沫，珠如泡如，则名曰趵突称也。石刊"天下第一泉"。右则高宗御制《玉泉山记》，漶不可读。舟停岩下，出玻璃碗汲泉而饮。余小病弗进，再沿岩石登陟。别至一石塔下，雕镂极工。望静宜园林木蓊郁，缭垣跨山如长城。晓来雾盛，日落雾益起，远瞭青冥无所见，遂下。止一院落，清池亘其前，细泉出石罅，瀄瀄而流。丹漆败损，问守者，亦莫知其名。园中庭馆旧皆有额，既无图本可考，惜哉！方康、乾殷盛，畅春、圆明二苑，水石台殿花木之位置，多文人为之属稿。独颐和苑罄天下财力，构诸阉人之手。视二祖之经营既远，况又以土木殆天下之乱，自戊戌讫辛亥，宇内无宁日。今余登兹峰而望，昆明楼殿存而时代非，能无动今昔之悲耶！桔叟诗笔深入临川之室，必有诗纪其胜。余不恒为诗，但为之记。时重阳前日，同游者九人，桔叟最健。

（选自《畏庐文集》）

参考资料

[元] 熊梦祥，《析津志辑佚》，北京：北京古籍出版社，1983。

[明] 刘侗、于奕正，《帝京景物略》，上海：上海古籍出版社，2001。

[明] 蒋一葵等，《北京古籍集成》，北京：北京出版社，2015。

[明] 沈榜，《宛署杂记》，北京：北京古籍出版社，1983。

[明] 袁中道著，钱伯城点校，《珂雪斋集》，上海：上海古籍出版社，2007。

[清] 孙承泽，《天府广记》，北京：北京古籍出版社，1984。

[清] 于敏中等，《日下旧闻考》，北京：北京古籍出版社，1983。

[清] 震钧，《天咫偶闻》，北京：北京古籍出版社，1982。

[清] 佚名，北京图书馆善本组标点，陈高华校订，《人海诗区》，北京：北京古籍出版社，1994。

[清] 弘历，《清高宗（乾隆）御制诗文全集》，北京：中国人民大学出版社，1993。

[清] 孙承泽，《春明梦余录》，北京：北京古籍出版社，1992。

[清] 麟庆著，汪春泉等绘，《鸿雪因缘图记》，北京：北京古籍出版社，1984。

赵尔巽等，《清史稿》，北京：中华书局，1998。

溥心畬，《寒玉堂诗集》，北京：新世界出版社，1994。

吴质生，《玉泉山名胜录》，北平：斌兴印书局，1931。

田树藩，《西山名胜记》民国二十五年版，北平：中华书局，1936。

李慎言，《燕都名山游记》，北京：燕都学社，1937。

许星园，《颐和园导游：附玉泉山》，北平：颐和园事务所，1947。

白新良，《康熙皇帝全传》，北京：学苑出版社，1994。

郭成康等，《乾隆皇帝全传》，北京：学苑出版社，1994。

北京市园林局史志办公室，《京华园林丛考》，北京：北京科学技术出版社，1996。

张恩荫，《三山五园史略》，北京：同心出版社，2003。

北京市地方志编纂委员会，《北京志·颐和园志》，北京：北京出版社，2004。

中国第一历史档案馆《康熙起居注》

国家图书馆藏样式雷图文档案史料

中国第一历史档案馆藏颐和园工程清单

北京市档案馆藏民国北平市政府文档

图书在版编目（CIP）数据

玉泉山静明园 / 张宝章著 . — 北京：北京出版社，
2023.9
　（西山文脉影像"三山五园"）
　ISBN 978-7-200-17615-5

　Ⅰ . ①玉… Ⅱ . ①张… Ⅲ . ①静明园—介绍 Ⅳ .
① K928.73

中国版本图书馆 CIP 数据核字（2022）第 232784 号

出版人 高立志	**策　划** 刘　可　杨晓瑞	**项目负责** 刘　可　杨晓瑞　董拯民
责任编辑 杨晓瑞　宋俊美	**责任印制** 燕雨萌	**内文排版** 王　岩
封面设计 品欣工作室	**营　销** 猫　娘	

西山文脉影像"三山五园"

玉泉山静明园
YUQUAN SHAN JINGMING YUAN

张宝章　著
*
北 京 出 版 集 团
　　　　　　　　　　出版
北 京 出 版 社

（北京北三环中路6号）
邮政编码：100120

网　　　址：www.bph.com.cn
北 京 出 版 集 团 总 发 行
新 华 书 店 经 销
北 京 华 联 印 刷 有 限 公 司 印刷
*
787毫米×1092毫米　　16开本　　14.5印张　　300千字
2023年9月第1版　　2023年9月第1次印刷
ISBN 978-7-200-17615-5
定价：68.00元

如有印装质量问题，由本社负责调换
质量监督电话：010-58572393